Madre Teresa
ME DISSE

Renzo Allegri

Madre Teresa
ME DISSE

As recordações de um jornalista e amigo
da Santa de Calcutá

Dados Internacionais de Catalogação na Publicação (CIP)
(Câmara Brasileira do Livro, SP, Brasil)

Allegri, Renzo
  Madre Teresa me disse : as recordações de um jornalista e amigo da Santa de Calcutá / Renzo Allegri ; [tradução Irmã Adriana Zuchetto]. – São Paulo : Paulinas, 2019. – (Coleção em busca de Deus)

Título original: Madre Teresa mi ha detto
ISBN 978-85-356-4533-0

1. Teresa, de Calcutá, Madre, 1910-1997 I. Título. II. Série.

19-26882   CDD-271.97

Índice para catálogo sistemático:

1. Madre Teresa de Calcutá : Vida e obra : Cristianismo   271.97

Cibele Maria Dias - Bibliotecária - CRB-8/9427

1ª edição – 2019

Título original da obra: *Madre Teresa mi ha detto*
© 2010, Ancora s.r.l., Milano

Direção-geral: Flávia Reginatto
Editora responsável: Andréia Schweitzer
Tradução: Ir. Adriana Zuchetto
Copidesque: Mônica Elaine G. S. da Costa
Coordenação de revisão: Marina Mendonça
Revisão: Sandra Sinzato
Gerente de produção: Felício Calegaro Neto
Capa e diagramação: Jéssica Diniz Souza

Nenhuma parte desta obra poderá ser reproduzida ou transmitida por qualquer forma e/ou quaisquer meios (eletrônico ou mecânico, incluindo fotocópia e gravação) ou arquivada em qualquer sistema ou banco de dados sem permissão escrita da Editora. Direitos reservados.

Paulinas
Rua Dona Inácia Uchoa, 62
04110-020 – São Paulo – SP (Brasil)
Tel.: (11) 2125-3500
http://www.paulinas.com.br – editora@paulinas.com.br
Telemarketing e SAC: 0800-7010081
© Pia Sociedade Filhas de São Paulo – São Paulo, 2019

Sumário

NOTA INTRODUTÓRIA 7
CAPÍTULO 1. UM ENTENDIMENTO SINGULAR 9
CAPÍTULO 2. UMA PEQUENA MULHER APAIXONADA POR DEUS ... 17
CAPÍTULO 3. DEZ ANOS DE ESPERA 23
CAPÍTULO 4. O PRIMEIRO ENCONTRO 33
CAPÍTULO 5. TESTEMUNHAR O AMOR 38
CAPÍTULO 6. NA CASA MÃE 47
CAPÍTULO 7. AS "CARÍCIAS" DA PROVIDÊNCIA 62
CAPÍTULO 8. ORAÇÃO CONTÍNUA 70
CAPÍTULO 9. CORAÇÃO DE MÃE 79
CAPÍTULO 10. AQUI ESTÁ DEUS 89
CAPÍTULO 11. OS FILHOS PREDILETOS 96
CAPÍTULO 12. A MEDALHA MILAGROSA 107
CAPÍTULO 13. TRAGÉDIA FAMILIAR 124
CAPÍTULO 14. NO MISTÉRIO DA VOCAÇÃO 133
CAPÍTULO 15. A NOITE DO "MANDATO" 145
CAPÍTULO 16. MUDANÇA DRÁSTICA 154
CAPÍTULO 17. "COMECEI COM O MENINO JESUS" 165
CAPÍTULO 18. MISSIONÁRIAS DA CARIDADE 177
CAPÍTULO 19. UM EXÉRCITO QUE DESAFIA O IMPOSSÍVEL 187
NOTAS BIOGRÁFICAS DE MADRE TERESA 195

Nota introdutória

No dia 26 de agosto de 1910, nascia Madre Teresa de Calcutá, a mulher que, com seu amor pelos pobres, assombrou e conquistou o mundo. Em 2010, no centenário de seu nascimento, houve milhares de manifestações para comemorar e honrar esta religiosa que, em 2016, foi proclamada santa pelo Papa Francisco. Dioceses, paróquias, mas também administrações civis, associações culturais, movimentos não confessionais, mobilizaram-se espontaneamente. Não apenas no mundo cristão, mas também islâmico, hebreu, hinduísta, budista, taoísta, xintoísta etc. Madre Teresa é uma personagem universal, ecumênica, amada por todos.

Também os meios de comunicação envolveram-se amplamente no coro de celebrações de Madre Teresa. Os artigos nos jornais, os documentários de rádio e TV, os livros, são incontáveis. E nesse mar de publicações, insere-se também nosso pequeno volume.

Não é uma biografia da santa, nem tem as características de uma narrativa histórica da existência terrena de Madre Teresa. Trata-se da recordação de um cronista que, por razões profissionais, teve o privilégio de encontrar-se diversas vezes com a extraordinária Irmã. Sendo assim, dou espaço aqui, sobretudo, às suas palavras.

Madre Teresa falava pouco. Era, principalmente, um ícone. Transmitia pensamentos, reflexões, com a própria imagem. O seu vulto, o seu sorriso, as suas rugas profundas e sofridas, os seus olhos, as suas mãos e os seus pés deformados pelas artroses, sua figura pequena e curvada, o seu caminhar sofrido, contavam sofrimentos e dores, de cansaço físico permanente, por um trabalho que não conhecia repouso, e testemunhavam uma doação total, absoluta, incondicional aos outros, aos mais necessitados da terra.

Quando as circunstâncias a constrangiam a exprimir-se com palavras, Madre Teresa era sempre breve e sintética. Falava com voz submissa, humilde e afetuosa. Tendo-a entrevistado diversas vezes, e em algumas ocasiões com o objetivo específico de narrar a sua vida, tive ocasião de "registrar" várias conversas com ela. Palavras da Madre pronunciadas para contar episódios, para fazer uma recomendação, para sugerir uma reflexão. Mas, precisamente, porque são palavras da Madre, assumem um valor grande e extraordinário.

Enquanto colocava em ordem as palavras de Madre Teresa, extraindo-as das várias entrevistas que havia feito com ela, tive a impressão de reviver aqueles encontros, de escutar sua voz afetuosa, de ver seu rosto, seus olhos. Uma impressão belíssima, mas que me levou logo a refletir sobre o fato de que não era uma impressão, mas uma realidade: Madre Teresa está viva, mais viva do que quando estava nesta terra, e está sempre perto das pessoas que pensam nela.

Auguro de coração, a quantos tiverem a bondade de ler estas páginas, de ouvir, através das palavras da Madre, a sua vigilante presença.

Renzo Allegri

Capítulo 1

Um entendimento singular

O título deste livro, *Madre Teresa me disse*, é sem dúvida presunçoso. Reconheço-o. Talvez só alguém que viveu longo tempo próximo da Irmã de Calcutá empenhe-se numa temática desse tipo. Conheci Madre Teresa, entrevistei-a diversas vezes, nada mais. No entanto, a sua maneira, este título espelha uma extraordinária realidade.

Paciente e privilegiado

Os jornalistas, graças a sua profissão, encontram-se frequentemente em situações que jamais teriam pensado viver. Durante quarenta anos fui enviado especial de grandes semanários e encontrei os personagens mais discrepantes: artistas, políticos, cientistas, campeões do esporte, estrelas, santos e assassinos. Uma galeria pitoresca e interminável.

Sobre esses personagens, escrevi muitíssimos artigos e fiz vários "furos", que são como joias dentro de um jornal. Hoje os jornais compram essas histórias. E as compram por cifras vertiginosas. Houve um tempo em que esse tipo de mercado era raro. Para meus furos jornalísticos nada foi pago. Consegui-os com meu trabalho e, sobretudo, com grande dose de sorte.

Apaixonado por música clássica e lírica, tive durante vinte e cinco anos uma coluna num dos mais difundidos semanários, que me permitiram conhecer, entrevistar e conviver com grandes intérpretes, como Arturo Benedetti Michelangeli, Salvatore Accardo, Uto Ughi, Carlo Maria Giuliani, Riccardo Muti, Gianandrea Gravazzeni, Mario Del Monaco, Tito Gobbi, Gino Bechi, Boris Cristoff, Giuseppe Di Stefano, Placido Domingo, Renata Tebaldi, Luciano Pavarotti, Renata Scotto. A lista poderia continuar longamente.

Em 1973, Maria Callas, que era naquele momento uma das mulheres mais famosas do mundo, diretora da opera *I vespri siciliani*, estava em Turim para a inauguração do Nuovo Teatro Regio. Na véspera da "primeira" apresentação, reuniram-se ali mais de duzentos jornalistas da mídia impressa, da TV e do rádio, vindos de todo o mundo. Todos sonhavam poder conversar com a "divina", mas Callas não falou com ninguém. Mas eu tive a sorte de dispor de três horas em uma sala do hotel e fazer uma longuíssima entrevista exclusiva com ela, que o meu jornal publicou em seis páginas.

Fui também o primeiro a noticiar o casamento de célebres casais do teatro, como Kátia Riccieri e Pippo Basudo, e Maurizio Constanzo e Maria De Filippi. Assunto que alimentou os jornais durante meses depois. E as notícias publicadas, como sempre, não foram constituídas por "disseram", "ouvi dizer", e coisas do tipo, mas por ampla e tranquila entrevista, acompanhada de belo serviço fotográfico.

Como enviado, participei vinte e duas vezes consecutivas do Festival de Sanremo. Conheci praticamente todos os grandes gênios da música que passaram nesse Festival e sempre levei para casa importantes artigos que se tornaram capa.

Um dia entrevistei um jovem que assassinara a namorada com cinquenta e duas facadas. A polícia estava a sua procura, a rádio narrava o fato e recomendava atenção, porque ele era perigoso. Eu o encontrei durante a noite, onde estava escondido. Estava comigo um fotógrafo, que tirava fotos enquanto eu, com meu gravador em mãos, recolhia as confidências e a confissão daquele jovem. O semanário onde então eu trabalhava publicou depois minha fotografia com o homicida, com os dizeres: "O nosso enviado chega antes da polícia".

O elenco seria longuíssimo. A coisa mais curiosa é que, quando me concentro para recordar, percebo que todos esses furos não foram frutos da minha habilidade, mas, sobretudo, da sorte. Fui sempre muito privilegiado na minha profissão. Paciente e afortunado. E isso aconteceu também em meus encontros com Madre Teresa.

QUINZE ANOS DE ESPERA

Em 1971, comecei a tentar entrevistá-la. Estava fascinado com a atividade e o carisma dessa Irmã, naquele tempo ainda pouco conhecida na Itália. Tinha lido a respeito dela, pela primeira vez, num artigo de Pier Paolo Pasolini, e fui conquistado. Comecei, então, a pensar num encontro. Não desejava apenas uma simples e apressada entrevista, mas um longo colóquio para poder depois narrar sua vida em episódios. Desejo pretensioso.

Consegui realizá-lo em 1986, isto é, depois de quinze anos de espera. Mas, como sempre, também nessa ocasião a sorte estava ao meu lado.

De fato, entre mim e Madre Teresa nasceu certa confiança, ouso dizer, até, uma preciosa amizade que me permitiu encontrá-la diversas vezes, entrevistá-la outras tantas, viajar com ela, dar carona a ela em meu carro e obter também favores que jamais pensei que fossem possíveis, como, por exemplo, ser madrinha de Batismo da filha de um amigo, o cantor Al Bano, e também de cinco gêmeos romanos.

Foi Dom Paolo Hnilica, bispo eslovaco, residente em Roma, que me apresentou Madre Teresa. Era amigo dela e ajudou-a a abrir algumas casas de assistência aos pobres em Roma.

Um dia confidenciou-me que Madre Teresa, em geral muito esquiva e reservada, especialmente com os jornalistas, falava de bom grado comigo e me considerava uma espécie de afilhado. Dom Paolo também escreveu estas considerações no prefácio de outro livro meu sobre Madre Teresa. Eis suas palavras textuais, que conservo como uma preciosa recordação: "Há cerca de quinze anos apresentei a Madre Teresa o jornalista Renzo Allegri. Nesse primeiro encontro de Renzo com esta humilde e grande Irmã, em Roma, impressionou-me a atmosfera de confiança que logo se criou entre os dois. Também, creio não exagerar ao dizer que, entre estas duas pessoas, se instaurou uma verdadeira sintonia espiritual que me surpreendeu e me alegrou. E a prova desse singular entendimento me foi dada pela própria Madre Teresa, que, em seguida, me disse sentir-se bem e ter apreciado muito o modo discreto e leal de Renzo de fazer jornalismo. Quem conheceu de perto Madre Teresa sabe bem que não era fácil para um jornalista aproximar-se desta figura luminosa e transparente, que fugia de qualquer tipo de publicidade, e muito menos receber dela semelhante elogio".

Sempre senti e ainda sinto enorme reconhecimento pela bondade que Madre Teresa me dispensou e que certamente eu não merecia. Reconhecimento pelas entrevistas que me concedeu, pelas coisas extraordinárias que me contou de sua vida, por sua obra em favor dos pobres e, também, pelos amáveis conselhos dados, pelos quais, infelizmente, nem sempre tenho zelado.

Aqui, neste livro, procurei recolher as preciosas palavras da Madre Teresa e também seus gestos, suas ações, que eram, com frequência, mais eloquentes do que as próprias palavras. Desse modo, justifica-se o título do livro.

"Como quero voltar para casa!"

No ano de 2010 comemorou-se os cem anos do nascimento de Teresa. Não está mais entre nós, mas, na verdade, ainda está viva, muito mais do que quando estava nesta terra. "A morte não é outra coisa senão passar de uma vida difícil de sofrimento a uma existência plena de amor e de felicidade em Deus", repetia com frequência. E o dizia com um tom que deixava qualquer pessoa sem ar.

Um dia lhe perguntei, de improviso:

– A senhora tem medo da morte?

Ela estava em Roma havia alguns dias. Encontrara-a algumas vezes e tinha ido vê-la antes de eu voltar para Milão.

Ela me olhou como se não tivesse entendido o motivo da pergunta. Pensei que fizera mal em falar de morte e procurei corrigir a expressão:

– Vejo-a descansada – disse. – Ontem, ao contrário, me parecia muito cansada.

– Sim, descansei bem – respondeu. – Nos últimos anos, sofri algumas intervenções cirúrgicas delicadas, como a do coração, e deveria cuidar-me, viajar menos, todos me dizem. Mas eu devo pensar na obra que Jesus me confiou. Quando não servir mais, ele mesmo vai me impedir.

E mudando totalmente o discurso, me perguntou:

– Onde você mora?

– Em Milão – respondi.

– Quando volta para casa?

– Espero que nesta mesma tarde – eu disse. – Quero tomar o último avião. Assim, como amanhã é sábado, posso ficar com minha família.

– Ah, vejo que está feliz de voltar para casa, para sua família – disse ela, sorrindo.

– Estou fora há quase uma semana – respondi, para justificar meu entusiasmo.

– Bem, bem – acrescentou a irmã. – É justo que esteja contente. Vai encontrar a sua esposa, suas crianças, seus amigos, sua casa. É justo que seja assim.

Ela permaneceu ainda em silêncio por alguns segundos e depois prosseguiu, retornando ao argumento da morte:

– Pois bem, veja, eu estaria contente como você se pudesse dizer que nesta tarde vou morrer. Morrendo também irei para casa. Irei ao paraíso. Irei encontrar Jesus. Eu consagrei minha vida a Jesus. Tornando-me religiosa, tornei-me a esposa de Jesus. Veja, trago a aliança no dedo como as mulheres casadas. Eu sou esposa de Jesus. Tudo o que faço aqui, sobre a terra, faço por amor a ele. Portanto, morrendo, voltarei para casa. Para o meu esposo. Além disso, no paraíso, encontrarei todos os meus entes queridos. Milhares de pessoas morreram nos meus braços. São já mais de quarenta anos que dedico minha vida aos doentes e moribundos. Eu e minhas Irmãs recolhemos pelas estradas, sobretudo na Índia, milhares e milhares de pessoas no fim da vida: nós as levamos para nossas casas e as ajudamos a morrer serenas. Muitas delas expiraram nos meus braços, enquanto sorria para elas e acariciava seus corpos trêmulos. Pois bem, quando eu morrer, vou encontrar todas essas pessoas. Estão lá me esperando. Queremo-nos bem nesses momentos difíceis. Continuamos a querer-nos bem na recordação. Quem sabe que festa farão ao me ver! Como posso ter medo da morte? Eu a desejo, a espero, porque, finalmente, me permitirá voltar para casa.

Jamais ouvi Madre Teresa falar tanto e com tanto entusiasmo. Ela, em geral, nas entrevistas e também nas conversas, era concisa, dava respostas breves e rápidas.

Naquela ocasião, para responder minha estranha pergunta, tinha entabulado um autêntico discurso. E, enquanto falava, seus olhos brilhavam de serenidade e felicidade surpreendentes.

Capítulo 2

Uma pequena mulher apaixonada por Deus

Desde o dia 13 de setembro de 1997, o corpo de Madre Teresa repousa num jazigo no coração de Calcutá. Encontra-se no térreo da Casa Mãe das Missionárias da Caridade, a congregação religiosa que Madre Teresa fundou em 1948, no início da sua missão entre os mais pobres dos pobres.

É um jazigo muito simples e permanece assim, mesmo depois do dia 4 de setembro de 2016, data em que Madre Teresa foi proclamada santa pelo Papa Francisco. O revestimento é de cimento branco, sem nenhum ornamento. Sobre a lápide de mármore, foi esculpido um versículo do Evangelho de João, que resume o espírito de serviço da vida de Madre Teresa: "Amai-vos uns aos outros assim como eu vos amei". Abaixo, uma cruz preta com a seguinte indicação: "Madre Teresa 26/8/1910; 5/9/1997, nossa cara e amantíssima Madre fundadora".

Entre as pessoas que amava

O túmulo se encontra no local em que há um tempo era o refeitório das irmãs. A grande sala tem janelas que se abrem ao lado de uma das estradas mais movimentadas e cheias de pobres de Calcutá, a Lower Circular Road. De fora, entram o barulho ensurdecedor do tráfego, o cheiro da poluição, o fedor dos esgotos sempre entupidos, a umidade causada pelas chuvas sazonais. É a Calcutá que Madre Teresa amava: a dos seus pobres, de gente comum, dos doentes, dos deficientes, dos miseráveis.

E são eles que, sozinhos ou em pequenos grupos, durante o dia, continuam a entrar na sala e param diante do jazigo. Rezam ou, de acordo um costume religioso indiano, falam com os restos mortais da Madre, como se a Irmã se encontrasse diante deles e os escutasse. Alguns procuram um contato físico, depositando uma flor ou, então, fazendo uma delicada carícia sobre o mármore da lápide.

Não foi fácil para as Missionárias da Caridade conseguirem permissão para enterrar Madre Teresa na sua residência. A lei indiana proíbe guardar restos mortais em casas civis. Mas, para a pequena "santa" de Calcutá, o Estado fez uma exceção. Não poderia haver lugar mais apto para o seu repouso eterno do que essa casa, onde havia trabalhado durante meio século, entre a gente do povo que amava.

Em vida, Madre Teresa foi uma das mulheres mais conhecidas do mundo. Certamente a história sempre vai se recordar dela como uma das personalidades religiosas determinantes para a Igreja Católica na segunda metade do século vinte. E tudo isso sem ter escritórios, palácios, residências, secretárias, telefones. Entretanto, sempre agindo nas ruas, Madre Teresa viveu, como seus assistidos, na indigência. Era, portanto, justo que também depois de morta voltasse às margens daquela avenida barulhenta, no coração de Calcutá, para repousar entre a gente que não tem nada.

A extraordinária aventura humana de Madre Teresa começou justamente naquela avenida, com todos os aspectos de um desatino, de uma loucura: saiu dos esquemas racionais e se abandonou na inconsciência divina.

Só depois de sua morte e, sobretudo, de sua canonização, compreendeu-se que seu gesto foi um sólido ato de fé no Evangelho, um imenso gesto de amor. Madre Teresa tinha 36 anos quando decidiu iniciar sua missão entre os mais pobres da terra. Apaixonou-se literalmente por Jesus e, como todos os apaixonados, agiu por impulso, seguindo a lei do coração.

Esse amor não diminuiu e Madre Teresa continuou sempre vivendo apaixonadamente. E anos depois de sua morte, resta o símbolo mais elevado da generosidade e do altruísmo, virtudes que enobrecem totalmente a espécie humana. Papas, chefes de Estado, soberanos, ministros e chefes de governo, artistas e intelectuais, políticos, multidões de pessoas pertencentes a todas as raças, a todas as religiões, a todas as ideologias, admiraram-na quando era viva, inclinaram-se diante dela e continuam a fazê-lo.

Prêmio Nobel da Paz

"Madre Teresa é um anjo", foi escrito muitas vezes. "Diante dela nos sentimos todos pequenos e envergonhados de nós mesmos", disse Indira Gandhi, quando era primeira-ministra da Índia.

O mundo a honrou com os reconhecimentos mais prestigiosos. Em 1962, a Índia lhe concedeu o Padma Shri, uma das mais altas condecorações da República. No mesmo ano, das Filipinas chega o Prêmio Ramon Magsaysay, considerado o Nobel asiático.

Em 1971, o Papa Paulo VI lhe oferece o Prêmio da Paz João XXIII. Em 1973, pelo valor do seu testemunho religioso, recebeu, das mãos do príncipe de Edimburgo, o Prêmio Templeton, para o qual foi eleita unanimemente, escolhida entre dois mil candidatos de diversas nacionalidades e religiões, por um júri composto de dez representantes de outros tantos grupos religiosos mundiais.

Em 1975, foi-lhe atribuída a Medalha da FAO (Organização das Nações Unidas para a Alimentação e a Agricultura), "como prova de gratidão pela sua incansável dedicação aos famintos e aos pobres do mundo inteiro".

Em 1978, recebeu o Prêmio da Fundação Balzan pela humanidade, a paz, a fraternidade entre os povos, e, no ano sucessivo, o Nobel da Paz.

Depois desse prestigiosíssimo reconhecimento, chegaram muitos outros, entre os quais recordo apenas a mais alta condecoração indiana, o Bharat Ratna, em 1980, e ainda, nos Estados Unidos, a Medalha Presidencial da Liberdade (1985) e a Medalha de Ouro do Congresso (1997).

Para a Igreja, é santa

Talvez no século vinte não exista nenhuma outra mulher mais celebrada e mais aclamada. Enquanto ela, humilde e esquiva, continuou sempre a repetir com profunda convicção: "Eu sou um nada".

Mas Deus via o seu coração, e na sua morte a acolheu no Reino celeste, enquanto a Igreja, após cinco anos de seu falecimento, a proclamou bem-aventurada.

A cerimônia solene ocorreu no dia 19 de outubro de 2003, na Praça São Pedro, repleta de uma multidão de fiéis provenientes de todo o mundo. A Missa foi celebrada por João Paulo II, já muito adoentado, mas que quis igualmente proclamar em pessoa a santidade daquela irmã que tanto estimara e admirara. Já vítima de Parkinson, que o impedia de falar corretamente, foi constrangido a confiar a leitura da homilia a um colaborador seu, o Secretário de Estado da Santa Sé, Dom Leonardo Sandri. No discurso, o Papa Wojtyla definiu Madre Teresa como "mulher corajosa, ícone do bom samaritano". Disse que "nem mesmo os conflitos e as guerras conseguiam detê-la", e que tinha "escolhido não ser justa com os últimos, mas servi-los". Ele convidou todos a "louvar esta pequena mulher apaixonada por Deus, humilde mensageira do Evangelho e infatigável benfeitora da humanidade". Disse ainda: "Louvemos a uma das personalidades mais relevantes da nossa época: acolhamos a sua mensagem e sigamos o seu exemplo".

No dia 4 de setembro de 2016 o Papa Francisco proclamou a santidade de Madre Teresa, em missa celebrada diante de mais de cem mil fiéis. "Que nos ajude a entender que nosso único critério de ação é o amor gratuito, livre de qualquer ideologia", disse o Papa durante a homilia. Ele elogiou o trabalho da religiosa em defesa da vida humana, fazendo "sentir sua voz aos poderosos da terra para que reconhecessem suas culpas diante dos crimes da pobreza criado por eles mesmos". Lembrou ainda como ela "se inclinou sobre as pessoas fracas, que morrem abandonadas à beira das ruas, reconhecendo a dignidade que Deus lhe deu". Francisco explicou que a figura de Madre Teresa seria a santa de "todos os voluntariados" e pediu que ela fosse considerada o "modelo de santidade".

Os indianos, que lotavam a Praça de São Pedro naquele domingo, expressavam o orgulho por aquela mulher que se convertera em um ícone mundial dos mais pobres em Calcutá. Após a cerimônia, foi servido um almoço para mil e quinhentas pessoas pobres de toda a Itália.

Capítulo 3

Dez anos de espera

Um jornalista, em geral, se interessa por um tópico ou por uma personalidade por uma questão de atualidade. Acontece algo que chama a atenção das pessoas, e o jornalista parte para uma investigação ou simplesmente para um artigo.

Com Madre Teresa não aconteceu assim. Não foi o jornal que me cobrou interesse. Foi ela, com seu comportamento, suas iniciativas, quem me suscitou forte curiosidade.

A admiração de Paulo VI

A primeira vez que ouvi falar de Madre Teresa de Calcutá foi em 1971.

No dia 6 de janeiro desse ano, a Irmã chegou a Roma e recebeu, das mãos do Papa Paulo VI, o Prêmio da Paz João XXIII. Um prêmio novo, instituído naquele ano pelo Papa Montini. E, justamente porque o Papa quis, já era prestigioso. Além disso, incluía uma soma de quinze milhões de liras, que na época era uma boa cifra.

Os jornais publicaram a notícia, mas sem dar-lhe particular realce, porque Madre Teresa era ainda pouco conhecida na Itália. Porém, aquela breve nota atraiu minha atenção. Admirei-me de que o Papa Paulo VI tivesse escolhido, para aquela primeira edição de um prêmio importante, uma Irmãzinha que vivia e atuava na Índia. Deveria haver uma razão fundamental.

Li a motivação oficial daquele prêmio, que foi escrita pelo próprio Papa:

> Nós vos oferecemos com grande prazer, e pela primeira vez, o Prêmio da Paz, que leva o nome do Papa João XXIII, instituído para celebrar a Jornada da Paz Mundial de 1971 e atribuído no dia da Epifania, na presença dos corpos diplomáticos credenciados pela Santa Sé e dos membros da Cúria Romana. Nós o instituímos para honrar a memória do nosso venerado predecessor, Papa João XXIII, para servir à causa da paz e para encorajar todos aqueles que, no mundo, dedicam sua vida para ajudar os espíritos e os corpos. Na lembrança indelével da nossa peregrinação à Índia, invocamos, do fundo do nosso coração, todas as graças divinas sobre a obra de caridade que vós sustentais cada dia com generosidade e vos concedemos a nossa bênção apostólica. Cidade do Vaticano, 6 de janeiro de 1971. Assinado Paulus P.P. VI.

Li e refleti sobre essa motivação. No solene estilo curial, percebia-se profunda admiração do Papa por aquela Irmã. Naquele tempo, a Igreja era ainda muito fechada em si mesma, e o Papa não se permitia jamais expressões muito entusiasmadas. Mas se percebia em suas palavras que também ele tinha ficado impressionado com o que Madre Teresa estava fazendo.

Como Paulo VI afirmou em seu texto, tratava-se da primeira edição desse prestigiado prêmio. Por esse motivo, ele quis escolher uma personalidade excepcional, extraordinária, para evidenciar seu exemplo ao mundo. E escolheu justamente aquela humilde irmã que atuava na Índia.

Um "Lincoln" de presente

Os papas sabem bem que cada palavra escrita por eles permanece na história. Por isso, são extremamente prudentes. Suas expressões são sempre calculadas, ponderadas, controladas, e acabam dizendo muito menos do que gostariam. Por isso, as palavras de Paulo VI me tocaram muito. Apontavam Madre Teresa como exemplo para todos aqueles que, no mundo, "dedicam sua vida para ajudar os espíritos e os corpos". Diziam que aquela mulher era simplesmente maravilhosa, comportava-se como uma verdadeira santa, e todos os cristãos deveriam seguir seu exemplo. Era quase um desafio à poderosa Cúria Romana, que talvez jamais tivesse aprovado uma declaração tão laudativa a uma pessoa vivente.

Eu soube logo a seguir que Paulo VI estimava Madre Teresa havia tempo. Ele a conhecera em 1964, durante sua viagem à Índia, como mencionara também na motivação para o prêmio.

O Papa Montini fora à Índia para concluir o 38º Congresso Eucarístico Internacional, que acontecia na cidade de Bombaim. Na ocasião, quis encontrar-se com Madre Teresa, de quem já ouvira falar. No fim do encontro, desejava demonstrar sua estima e admiração com um gesto incomum e peculiar, que tinha chamado a atenção da imprensa. Um rico industrial americano oferecera de presente ao Papa um belíssimo automóvel branco, com os assentos vermelhos. Um "Lincoln", que valia muitos dólares. Ao terminar o Congresso, quando estava para deixar Bombaim, Paulo VI disse: "Ofereçamos o nosso automóvel branco a Madre Teresa, para auxiliá-la na sua universal missão de amor". O carro logo foi vendido, em benefício dos pobres.

Por isso, no final de dezembro de 1964, quando era pontífice apenas havia um ano e meio, Paulo VI demonstrou apreciar aquela estranha Irmã que dedicava sua missão aos indianos pobres.

"QUERIA QUE MORRESSEM COM DIGNIDADE"

Alguns meses depois de ter acompanhado o caso do Prêmio Papa João XXIII, encontrei num semanário ampla correspondência de Calcutá que sempre se referia àquela Irmã. O autor do artigo reconstruía a história das obras de Madre Teresa na Índia. Falava da sua assistência aos mais pobres entre os pobres e, sobretudo, do hospital-leprosário que ela abrira para socorrer os moribundos. E foi essa iniciativa, tão singular e humana, que me deixou admirado.

Sabia bem que Calcutá era uma cidade imensa, com cerca de onze milhões de habitantes, onde a miséria parecia não ter limite: pobres morriam nas calçadas das ruas no mais completo abandono. Mas naquele artigo o jornalista evidenciava que Madre Teresa tinha organizado o hospital-leprosário para os moribundos num momento em que a situação na cidade havia se tornado tremendamente dramática.

Entre os anos 1953 e 1954, de fato, à habitual multidão de deserdados vagantes de Calcutá juntaram-se milhares de refugiados paquistaneses e dezenas de milhares de desvalidos que haviam perdido tudo num dos tantos terríveis ciclones que periodicamente transtornam a costa sul ocidental de Bengala. Essas pessoas vagueavam famintas, doentes, caindo esgotadas por terra, e muitíssimas morriam pelas ruas.

Madre Teresa queria ajudá-las. Sofria muitíssimo vendo aqueles moribundos abandonados pelas ruas. Desejava que pudessem morrer deitados numa cama, tendo alguém ao lado que se ocupasse deles. "São filhos de Deus, devem morrer com dignidade, com um sorriso nos lábios", dizia. Por isso, tomara a decisão de construir o hospital-leprosário.

Todas as manhãs, a Madre e suas jovens irmãs andavam pela cidade recolhendo as pessoas em agonia, abandonadas nas calçadas. Levavam-nas para seu pequeno leprosário, davam-lhes banho, colocavam-nas num leito e assistiam-nas com amor, até que exalassem o último suspiro.

Ao ler essas informações, fiquei pensativo. O que aquela Irmã tinha idealizado era uma coisa maravilhosa e também desconcertante. Cuidava das pessoas que, para o mundo, pareciam não existir, e, além disso, moribundas.

Madre Teresa se ocupava delas apenas para que "morressem com dignidade". Não eram crianças com toda a existência pela frente a salvar, ou então jovens que, se ajudados, se tornariam úteis à sociedade. Eram velhos, muitos leprosos consumidos pela doença, a verdadeira escória humana. Prolongar-lhes a vida um dia que fosse não serviria para nada; talvez somente para que sofressem mais. Mas aquela Irmã pensava de modo diferente. Para ela, aquela "escória humana" era formada por seres humanos, filhos de Deus, irmãos caríssimos que ela desejava que saíssem deste mundo "com dignidade", com a certeza de que alguém os queria bem.

Inacreditável! Esse detalhe permaneceu gravado na minha mente, de modo que continuamente me fazia refletir. Perguntava-me por que aquela Irmã colocara na cabeça uma coisa desse tipo. E percebia que era uma iniciativa extremamente humana, civilizada, até mesmo poética, daquela poesia sublime que está nas fontes da vida.

"Vocês usam os pés e eu, os joelhos"

Em 1973, Madre Teresa foi a Milão, enviada pelo Pontifício Instituto para as Missões Estrangeiras, a fim de participar de uma manifestação de jovens em favor das missões. Os jovens lombardos responderam com entusiasmo à iniciativa, e, ao redor da catedral, reuniu-se uma multidão de dez mil pessoas. Na fila da frente estava também Madre Teresa. Era outubro, em Milão fazia frio; ela, porém, estava vestida, como de costume, apenas com seu sári branco, sobre o qual vestia uma pobre blusa de lã. Os pés estavam despidos dentro de rudes sandálias de couro duro.

Os organizadores da manifestação a convidaram para tomar a palavra antes que os jovens iniciassem o desfile pelas ruas da cidade. Ela subiu ao palco e disse simplesmente: "Façamos cada um a nossa parte. Vocês usam os pés e eu, os joelhos. Enquanto vocês caminham, rezarei por seus passos".

Quando a comitiva dos jovens começou a se movimentar, Madre Teresa entrou numa igreja perto da praça Duomo, recolheu-se em oração e permaneceu ali até que a manifestação terminasse.

No dia seguinte, foi à Câmara Municipal, sendo recebida pelo prefeito de Milão, que lhe concedeu o "Ambrogino", medalha oferecida a pessoas beneméritas. "Veja, é de ouro!", lhe fez notar o mestre de cerimônia. E Madre Teresa respondeu: "Então, esta medalha deveria ser oferecida a alguém que tem fome".

Os jornais falaram dessa manifestação, e também bastante sobre Madre Teresa. Eu soube, assim, que ela já tinha aberto uma casa de acolhimento, no modelo das que havia na Índia, também em Roma. O meu desejo de encontrá-la aumentou ainda mais. Parecia-me difícil de realizá-lo, também porque meu jornal não estava interessado numa entrevista com a Irmã.

UM BISPO AMIGO

Em 1975, fui a Roma para entrevistar Dom Paolo Hnilica, bispo eslovaco que milagrosamente fugira da perseguição comunista do seu país. Um personagem singularíssimo. Obrigado a viver no exílio, havia se organizado para continuar sua missão apostólica nos países do Leste Europeu, por meio de canais clandestinos.

Conversando com ele, soube que conhecia bem Madre Teresa. De fato, fora ele que havia salientado a atividade caritativa dela a Paulo VI, bem como quem a ajudara em Roma, quando o Papa a convidara a abrir uma de suas casas na "Cidade Eterna".

– Você pode me apresentar a Madre Teresa? – perguntei a ele.

Desde o primeiro encontro, o bispo eslovaco tinha me pedido para tratá-lo por "você" e chamá-lo simplesmente de Padre Paulo. Vestia-se como um padre qualquer e quase nunca levava as insígnias de bispo. A sua casa estava sempre cheia de necessitados: refugiados de países do outro lado da "cortina de ferro" ou sem-teto. Encontrava-os pela estrada e, quando lhe pediam esmola, o bispo, em vez de dar-lhes algum trocado, parava para conversar, perguntava sobre sua situação, da sua família, e com frequência os levava para sua casa, para alimentá-los e fazê-los dormir, na espera de poder ajudá-los com trabalho e alojamento.

Ele era também "uma espécie" de Madre Teresa.

– Você pode me apresentar essa Irmã? – eu insistia.

– Certamente que posso – disse Dom Hnilica, com sua voz alegre. – Se você escrever um artigo sobre ela e sua obra, poderá ser útil. Aqui em Roma ela já abriu duas casas para acolher os pobres, mas existem outras necessidades. Quando Madre Teresa vier a Roma, telefonarei para você e combinaremos um encontro.

Dom Hnilica era um vulcão de iniciativas; a sua mente jamais parava. Pensava e agia com a típica rapidez das pessoas que acreditam perdidamente em Deus. Para ele, tudo era possível, contanto que fosse para o bem.

Naquele tempo, ele tinha como secretário e colaborador Padre Sergio Mercanzin, jovem sacerdote veneziano de viva inteligência. Recomendei-me também a ele. Pedi-lhe para recordar ao bispo meu desejo. Disse-lhe que tinha grande vontade de encontrar Madre Teresa e lhe expliquei que não queria, porém, ter um encontro ocasional com ela. Isto é, não pretendia ser apresentado e aproveitar-me da situação para fazer-lhe perguntas, obrigando-a, ao menos por educação, a dar-me as respostas. Não me interessava uma entrevista desse tipo. Queria poder conversar com ela tranquilamente, conquistar-lhe a confiança, obter confidências sobre sua vida, sua extraordinária atividade, seus sentimentos e emoções que experimentava ao conduzir aquela existência entre os rejeitados da humanidade. Desejava, enfim, "espreitar" dentro do coração e da alma daquela mulher, que, para mim, era uma santa. Um desejo impertinente, talvez até um pequeno sacrilégio, mas era o que eu desejava.

Cada vez que eu ia a Roma, procurava o bispo Hnilica para saber se tinha notícias sobre minha entrevista. Respondia-me que tinha falado com Madre Teresa, mas que não conseguira uma resposta precisa. A Madre repetia sempre que seus compromissos eram tantos que não sobrava tempo para um encontro com um jornalista. Acrescentava que não desejava que falassem dela. E, porque era gentil, concluía dizendo que talvez pudesse fazer a entrevista em outra ocasião, quando estivesse por mais tempo em Roma, com maior tranquilidade.

Um dia, finalmente, Dom Hnilica telefonou e disse-me que tinha agendado um encontro com a Madre. Era o ano de 1986. Dez anos depois que eu solicitara a entrevista.

Capítulo 4

O primeiro encontro

Quantos encontros na vida de um jornalista! Encontros com pessoas simples, artistas, políticos, industriais, impostores, vigaristas, assassinos, mas também com santos. Cada vez uma experiência que fascina e envolve. Sobretudo, porque são encontros durante os quais se deve, num breve espaço de tempo, conhecer a pessoa, provocar suas confidências, entrar em sintonia com sua mente. Se, ainda, ela for "especial", como Madre Teresa, a experiência torna-se inesquecível.

Passeava debaixo de grandes árvores

O telefonema com o qual Dom Hnilica dizia ter marcado para mim um encontro com Madre Teresa pegou-me de surpresa. Também porque era para o dia seguinte. Mas aceitei logo. Fazia dez anos que eu esperava esse encontro e absolutamente não queria perdê-lo.

Parti naquela tarde mesmo para Roma, a fim de me preparar para a manhã seguinte. O encontro estava marcado para às nove horas, mas Dom Hnilica havia me dito que a Irmã encontrava-se num bairro periférico da cidade, que, para chegar, levaria quase uma hora de carro.

Dirigi-me ao hotel Cicerone, onde me hospedava habitualmente quando ia a Roma. Era um local muito confortável, que eu frequentava havia anos, e onde, por isso, era tratado muito bem. Entretanto, naquela noite não consegui dormir. Continuamente acendia a luz para ver a hora no meu relógio de pulso. Estava muito agitado.

De manhã, acompanhado pelo Bispo Hnilica e por seu colaborador, Padre Sergio Mercanzin, fui até Casilina, a zona periférica onde se encontra uma das casas romanas de Madre Teresa.

A Madre nos esperava do lado de fora, passeando debaixo de algumas grandes árvores. Não era o jardim das Irmãs nem um belo parque, como em geral se encontra em volta dos conventos e dos institutos religiosos. Aquele terreno tinha o aspecto de um campo; um campo verde, deixado crescer de modo espontâneo, porque os donos, as Irmãs, no caso, tinham outras coisas a fazer do que cuidar do jardim.

"SOBRE MIM NÃO HÁ NADA A DIZER"

Aproximei-me de Madre Teresa um pouco receoso. Ela apertou-me calorosamente a mão e disse que Padre Paolo tinha falado muito sobre mim.

Ela me olhava com olhos indagadores e sorria com o rosto sereno e descontraído. Não consegui responder-lhe nada. Talvez ela tenha percebido e, embora fosse mulher de poucas palavras, continuou a falar, dirigindo-se a mim, ao Bispo e ao Padre Mercanzin.

Conduziu-nos à sombra de uma grande árvore, onde havia uma mesa vermelha com bancos ao redor. Disse:

– Podemos ficar aqui.

Sentamo-nos. Eu estava visivelmente atrapalhado, não conseguia encontrar minha habitual espontaneidade, e a Irmã, sabendo que eu queria entrevistá-la, questionou-me, entrando logo no assunto:

– O que posso lhe contar? – perguntou.

Sua pergunta ficou suspensa no ar daquela clara manhã. Era apenas pouco mais de nove horas, e, na periferia de Roma, em certos dias de primavera, a luz é encantadora.

– Gostaria que me falasse sobre a senhora e sua maravilhosa aventura com os mais pobres entre os pobres do mundo – disse-lhe.

Logo percebi a imbecilidade da minha fala. A frase: "Maravilhosa aventura com os mais pobres entre os pobres do mundo" me envergonhou. Madre Teresa certamente tinha notado a banalidade da frase e também meu sucessivo embaraço. Percebi isso pelo modo como me olhou. Deve ter compreendido que eu sofria, porque se tornou gentilíssima, quase afetuosa. Em seguida, Dom Hnilica e Padre Sergio também deixaram claro que a conheciam bem.

– Sobre mim não há nada a dizer. Sou uma pobre Irmã, como outras tantas – disse Madre Teresa. – O Senhor me confiou uma missão e procuro realizá-la como posso. Mas é ele o autor de tudo. Jesus ama os pobres. São seus filhos prediletos. Também ele, quando veio a este mundo, nasceu numa família pobre e as palavras mais belas do

Evangelho reservou aos pobres. É preciso falar deles, não de mim. Eu não valho nada.

Estava muito confuso

Ela falava com simplicidade, mas colocava em cada palavra algo emotivamente misterioso. Assim, toda frase dela penetrava no coração com estranha força. O tom era submisso, íntimo; a voz, doce, persuasiva.

Madre Teresa, sentada ali, diante de mim, parecia-me muito pequena. Menor do que eu havia imaginado pelas fotografias. E era magérrima. As suas costas eram curvas. Estava sentada, mas parecia enrolada na cadeira. Para olhar-me, era obrigada a levantar a cabeça, e o fazia com esforço, porque suas costas, visivelmente enrijecidas pela artrose, a obrigavam a manter a testa inclinada sobre o peito. Talvez aquela postura lhe causasse dores, mas ninguém podia sabê-lo.

Quando me olhava, via seus olhos claros, que tinham a transparência dos de crianças. As mãos eram nodosas, retorcidas, desgastadas pelo cansaço. Os pés, nas sandálias vermelhas e duras, mostravam-se deformados por milhares de quilômetros percorridos na poeira, na lama, entre as pedras. Durante mais de quarenta anos Madre Teresa estivera sempre em movimento para levar ajuda aos sofredores. Sob sol e chuva, estava sempre caminhando, sorrindo e rezando; e seus pés, deformados por causa de tanto cansaço.

Eu tinha escrito uma longa série de perguntas. Coloquei logo meu gravador sobre a mesa, diante da Irmã, e comecei a ler as primeiras. Mas continuava confuso. E foi a Madre, com sua doçura e compreensão, que veio em meu socorro, contando episódios e anedotas divertidas, mas que não tinham nada a ver com as perguntas que eu havia escrito. Porém, desse modo, pouco a pouco me foi deixando à vontade, e a conversa começou a animar-se.

Ficamos debaixo daquela árvore cerca de duas horas. A Madre falara muito, mas nada daquilo que eu desejava saber. Em certo momento, levantou-se e disse:

– Agora devo deixá-los. Tenho pessoas me esperando em casa.

E, voltando-se para mim, acrescentou:

– Continuaremos amanhã, se quiser ainda falar comigo.

– Certamente, ainda quero falar com a senhora – disse. – Agradeço muito pela sua disponibilidade. Sei que tem numerosos e importantes compromissos, e sou muito grato por me dedicar um pouco do seu tempo. Amanhã, também nos veremos aqui?

– Não – disse a Madre. – Amanhã, na igreja de São Policarpo, uma paróquia da periferia de Roma. Quatorze jovens Irmãs da minha congregação farão a sua Profissão. Estarei lá. Ficaria muito feliz se você fosse. É uma cerimônia impressionante, que permite compreender o espírito da nossa vida de consagradas. Depois da cerimônia, conversaremos. Lembre-se, espero você.

– Estarei lá, certamente – respondi.

Capítulo 5

Testemunhar o amor

Na manhã seguinte, às onze horas precisamente, eu estava na igreja de São Policarpo, em "Tor Fiscale".

A igreja já estava repleta de gente. Todos tinham o olhar fixo na entrada principal, porque queriam ver Madre Teresa. E quando a Irmã entrou, no meio das jovens que deveriam professar os votos, todos começaram a aplaudir. Muitas pessoas choravam.

Sem levantar o olhar, a Madre continuou a caminhar entre as Irmãs. Atravessou a igreja, chegou até o altar e ajoelhou-se num canto.

Armadas do amor maior

A cerimônia foi muito longa e verdadeiramente impressionante. As jovens freiras que fizeram a profissão tinham os rostos radiantes e comovidos. A comoção envolvia também suas muitas Irmãs que as tinham acompanhado, sentadas nos bancos da igreja, entre as pessoas. Algumas estavam com os olhos vermelhos, por terem chorado. Olhando ao meu redor, contei cerca de cinquenta. Todas vestidas com o sári de algodão branco, com as bordas azuis, justamente como Madre Teresa.

Naquele tempo, as Missionárias da Caridade possuíam quatro casas em Roma e desenvolviam uma atividade massacrante. Aquelas Irmãzinhas diante de mim, frágeis e indefesas na aparência, eram as mesmas que na capital italiana cuidavam dos miseráveis ignorados e abandonados por todas as outras congregações religiosas e associações humanitárias.

Até durante a noite procuravam levar uma palavra de conforto e esperança à zona da "Stazione Termini", antro do desespero mais aberrante, povoado de drogados, prostitutas, desabrigados, ladrões. Mesmo os policiais, à noite, tinham medo de patrulhar essa zona. Mas as "Irmãzinhas indianas" de Madre Teresa, armadas do amor maior, aventuravam-se também nesse lugar.

Caminhei pela igreja e observei atentamente as Irmãs ajoelhadas entre os bancos, misturadas às pessoas da região. Pensando na duríssima vida que haviam abraçado, experimentei um sentimento de admiração e desânimo. Eram todas jovens. Algumas meninas. E seus vultos mostravam a dureza de quem vive cheio de problemas. Suas mãos, rachadas, enrugadas, denunciavam uma dolorosa rotina de trabalhos pesados. A pele do rosto, privada de qualquer tratamento cosmético, era anônima, insignificante. Os olhos luziam. Tinham um brilho quase febril. Liberavam uma energia estranha e poderosa, que incutia respeito e quase medo.

No final da longa cerimônia, Madre Teresa também falou. Um discurso breve, em inglês, que era imediatamente traduzido por uma Irmã. Entre outras coisas, disse:

– Nosso empenho é duro. Estamos à disposição dos pobres e dos abandonados vinte e quatro horas por dia. Não recusamos ajuda a ninguém. As jovens que pedem para ingressar nesta congregação conhecem as dificuldades que irão encontrar, mas as enfrentarão com generosidade porque sua alma está repleta de amor.

"Vivemos em contínua união com Deus"

Quando Madre Teresa saiu da igreja, fui saudá-la. Ficou feliz ao ver-me e de constatar que tinha vindo para o encontro, como havia pedido.

Em razão de naquele dia estar cheia de compromissos e não encontrar tempo para falar comigo, me fez entrar no carro que deveria levá-la à Casa Mãe, em San Gregorio al Celio, perto do Coliseu, de modo que, ao longo do caminho, poderia fazer-lhe perguntas.

Sendo assim, continuamos a conversa que havíamos iniciado no dia anterior.

– Foi muito sugestiva e comovente a cerimônia desta manhã – disse à Madre, para dar início à conversa.

– Oh, sim, muito comovente – acrescentou. – Quis que estivesse presente. As palavras às vezes são insuficientes para fazer compreender certa atmosfera espiritual.

– Antes de chegar à profissão, que experiência prática as suas Irmãs enfrentam? – perguntei.

– Quando uma jovem entra na nossa congregação por um período de tempo, observa como vivemos, quais atividades desenvolvemos, de modo que se pode perguntar, verdadeiramente, se também deseja a mesma vida.

Quando toma a decisão, está preparada para o noviciado, que dura dois anos. Nesse período, a jovem aprende o trabalho que depois desenvolverá para sempre, exercitando-se junto com as outras Irmãs que já fizeram a profissão. Irá assistir os moribundos, ajudar os pobres, pedir esmola para aqueles que não têm nada. Fará, enfim, todas as tarefas que, em geral, desenvolvemos, colocando-se à prova para verificar se quer escolher essa vida. Se resistir, no final de dois anos fará a profissão, professará os votos, empenhando-se diante de Deus e da Igreja em procurar a santidade segundo a Regra da nossa congregação.

– Como é o dia das Irmãs?

– É feito, sobretudo, de oração. Contrariamente ao que pode parecer, não somos Irmãs de "vida ativa". Somos contemplativas que vivem no meio do mundo. A oração, portanto, é fundamental para nós. Rezamos sempre: caminhando na rua, durante o trabalho, em qualquer lugar. Se não estivéssemos em contínua união com Deus, seria impossível enfrentar os sacrifícios que requer viver entre os desprotegidos.

– A que horas se levantam pela manhã?

– Às 4h30. Fazemos uma hora e meia de oração juntas, depois tomamos café e logo partimos para o trabalho. Aqui em Roma, por exemplo, as minhas Irmãs assistem pessoas doentes e sozinhas. Ajudam idosos que não podem cuidar de si mesmos: arrumam a sua casa, limpam, lavam a roupa, fazem companhia. Com frequência vão também mendigar para poder comprar alimentos para quem não tem nada.

– À noite, a que horas se recolhem para dormir?

– Em geral, às 22 horas. Mas, se for necessário, trabalha-se também a noite inteira.

– Esses horários são iguais em todas as suas casas ou se modificam de acordo com o lugar onde as Irmãs trabalham?

– São iguais para todas as casas, mas não imutáveis. As regras devem servir à causa, que é o bem dos nossos assistidos. A caridade está acima de tudo, mesmo se governada por uma rígida disciplina.

– A senhora também segue esses horários?

– Sim, sou uma Irmã igual a todas as outras.

– Não acha fatigante, na sua idade, levantar-se às 4h30 da manhã?

– Também para minhas Irmãs mais jovens é custoso levantar-se essa hora. Mas o sacrifício é um modo de demonstrar o amor a Jesus, e o meu coração é jovem.

– Recentemente a senhora ficou muito doente e foi operada do coração.

– Estou nas mãos de Deus. Trabalho para ele. Não tenho tempo para perguntar-me se estou bem ou mal. Ele me dirá quando for o momento de parar.

Espalhadas pelo mundo inteiro

– Atualmente, quantas Irmãs há na congregação?

– Três mil. Vivem em 303 casas, espalhadas em 75 nações. Temos 140 pedidos de novas casas, mas é impossível contentar a todos. Seriam necessárias muitas vocações a mais do que aquelas que o Senhor já nos manda.

– Quando, nos países comunistas, existia ainda um regime ditatorial rígido e ateu, e, portanto, hostil à religião, vocês obtiveram permissão para abrir casas também nessas nações. Como conseguiram?

– As obras do amor são obras da paz. Não estamos jamais interessadas na política, e todos nos querem bem. As Missionárias da Caridade começaram a trabalhar em diversos países comunistas, como Polônia, Iugoslávia, Alemanha Oriental, União Soviética, antes que se iniciasse a crise da ideologia comunista. Fomos a essas nações porque lá existiam pobres que necessitavam do nosso amor.

– Vocês são Irmãs católicas, ajudam os pobres, mas também difundem a religião católica?

– Se alguém sabe que possui um tesouro, é justo que procure torná-lo conhecido. Nós, porém, jamais tomamos a iniciativa, não fazemos proselitismo. Nosso empenho de fé é o "testemunho". Amamos todos, concretamente, por amor a Deus. Nossas obras revelam aos pobres sofredores o amor que Deus tem por eles. Os resultados são sempre maravilhosos. Na Índia, um dia, um jornalista americano, que me observava enquanto medicava um enfermo atacado por gangrena, me disse: "Eu não faria isso nem mesmo por um milhão de dólares". "Nem eu o faria por essa cifra", lhe respondi. "Porém, o faço por amor a Deus. Este pobre sofredor representa para mim o corpo de Cristo." Esse jornalista ficou impressionado com minhas palavras e compreendeu qual era a força que sustentava nossa ação.

"VOCÊS SÃO O AMOR DE DEUS"

– Aqui em Roma aconteceu um fato muito significativo. Caminhando para encontrar pessoas abandonadas, as Irmãs encontraram-se com um velho ateu. Os sofrimentos, a solidão o haviam tornado mau. Estava fechado em si mesmo, não dirigia nem uma palavra às Irmãs que tinham ido procurá-lo. Elas não desanimaram. Lavaram-lhe a roupa, limparam a casa e lhe prepararam o alimento que restava. Mas esse homem continuava não falando. Então, as Irmãs decidiram ir ao seu encontro duas vezes ao dia. Finalmente, depois de uma semana, o homem foi conquistado por tanto afeto e rompeu o silêncio. Disse: "Irmãs, vocês trouxeram Deus para a minha vida. Agora me tragam também um sacerdote, porque quero confessar-me: não o faço há sessenta anos". O amor das Irmãs fez aquele homem refletir, operando sua conversão. Não tinham falado de Deus, mas ele compreendeu que o comportamento delas não podia ser inspirado por mais ninguém. Outra ocasião, em Melbourne, na Austrália, as Irmãs acolheram um alcoólatra. Por diversos anos estivera naquele estado e não tinha mais nenhuma dignidade. Vivia como um animal. As Irmãs o internaram na nossa Casa da Misericórdia, deram-lhe banho, vestiram-no bem e começaram a assisti-lo para desintoxicá-lo. Depois de algumas semanas, esse homem estava renovado e pôde voltar para casa. Recomeçou a trabalhar. Quando recebeu o primeiro salário, levou-o para nós, dizendo: "Quero que seja também para os outros o amor de Deus, como vocês foram para mim".

– É isso! – concluiu Madre Teresa. – Estes são alguns pequenos exemplos que demonstram como não é necessário falar de Deus para converter as pessoas: é suficiente testemunhar o amor.

– Quais são as principais áreas da sua atividade?

– Procuramos estar presentes onde existe o sofrimento sem esperança, onde o pobre e o doente estão abandonados por todos. Não fazemos um planejamento da nossa atividade. Nós as desenvolvemos à medida que se apresentam as necessidades. Foi sempre Deus a nos mostrar o que devíamos fazer. No início começamos ensinando as crianças pobres das favelas de Calcutá. Depois organizamos os dispensários para distribuir medicamentos para os doentes e alimentos para os famintos. Organizamos escolas profissionalizantes para ensinar os pobres a ganhar o essencial para viver. E depois muitas outras iniciativas para estarmos presentes onde o sofrimento pede nossa ajuda.

O carro que nos levava virou à esquerda, passando ao lado do Coliseu, e subiu por uma estradinha em direção à belíssima igreja de San Gregorio al Celio, onde atualmente se encontra a Casa Mãe das Missionárias da Caridade na Itália. Já havia ali diversas pessoas que esperavam a Madre.

Ela desceu do carro e saudou-as.

– Venha amanhã de manhã – me disse. – Dessa vez o espero aqui, nesta nossa casa Al Celio. A missa é às cinco horas. Pode entrar por aquela portinha à esquerda da igreja. Essa hora já está aberta.

– Virei, certamente – respondi.

Retornei em direção ao Coliseu a pé. Ao redor do célebre monumento romano havia uma multidão de turistas. O sol do meio-dia queimava minha pele branca de quem vive normalmente fechado.

Capítulo 6

Na Casa Mãe

Naquela noite, após o jantar, disse ao recepcionista do hotel onde estava hospedado:

– Amanhã de manhã, por favor, me acorde às quatro horas.

– Vai pegar o avião?– me perguntou.

– Não, tenho um encontro com uma pessoa – respondi.

O recepcionista me olhou surpreso. Frequentava aquele hotel havia muitos anos. Ele me conhecia bem, sabia que de manhã me levantava sempre cedo, porque amava caminhar pela cidade. Mas jamais tinha levantado às quatro horas, e ainda mais para encontrar alguém.

Durante a noite dormi pouco. Pensava nos dois encontros que tivera com a Madre e em todas as coisas que ela havia me dito. Já começara a organizá-las. À noite, pensava e repensava nas suas palavras tão particulares, distantes da vida cotidiana.

Ao toque do despertador, saltei da cama cheio de energia. Depois de meia hora estava na entrada do hotel esperando um táxi.

A PORTINHA AO LADO DA IGREJA

Roma, às quatro e meia da manhã, tem um fascínio misterioso. As ruas estão desertas. Os palácios, os monumentos, envoltos na sombra misteriosa que precede o nascer do sol, parecem seres viventes prendendo a respiração à espera de um evento clamoroso.

O táxi seguia tranquilo. Algumas janelas estavam iluminadas. Um cão perdido atravessou a rua.

Eu estava adiantado. Disse ao taxista que desceria perto do Coliseu. Depois, a pé, subi em direção a San Gregorio al Celio.

A portinha ao lado da igreja, que me fora indicada por Madre Teresa no dia anterior, estava aberta. Entrei. A luz que vinha de algumas janelas me fez entender que a capela ficava daquele lado. Aproximei-me. Olhei pelas janelas. Algumas Irmãs já estavam ajoelhadas. Posicionei-me num canto, ao fundo, para não perturbar.

As Irmãs continuavam entrando, vindas dos seus quartos, onde haviam repousado durante a noite. Madre Teresa chegou também e se ajoelhou como as outras, no chão tosco. Nenhuma distinção. Nenhum lugar privilegiado para ela, que era a "fundadora", a madre superiora-geral da sua congregação.

Em todos os institutos religiosos, as superioras-gerais são respeitadas, servidas, tratadas com reverência. Mas ela, Madre Teresa de Calcutá, jamais quis privilégios, mas sim ser sempre considerada como as outras Irmãs. Na verdade, como as "últimas", as recém-chegadas, consideradas apenas aspirantes ou noviças. E também ali, na igreja, naquela manhã, confundia-se entre as Irmãs, no fundo da capela.

Do meu lugar podia vê-la bem. Observei-a atentamente durante toda a Missa. Sabia que não devia distrair-me durante a cerimônia religiosa, mas sim rezar como faziam as Irmãs. Entretanto, estava certo de que o Senhor entenderia e seria compreensivo. Era uma oração também a admiração que suscitavam em mim a concentração, a humildade, a doçura que via no rosto de Madre Teresa em seu colóquio com Deus.

Quando o celebrante deixou o altar ao final do rito, uma Irmã aproximou-se e fez sinal para que eu a seguisse. Acompanhou-me por uma saleta e me disse para esperar, porque a Madre viria logo.

Dez minutos depois, Madre Teresa surgiu. Trazia uma bandeja com café, leite, geleia, pão e frutas. Eu estava confuso. Não desejava de forma alguma incomodar, mas não consegui. Fez-me sentar na pequena mesa, no meio da sala, e quis servir-me. Protestei, embaraçado.

O CARTÃO DE VISITA

A Madre sorria amavelmente. Perguntou-me se preferia mel no lugar do açúcar para adoçar o café. Depois disse que havia demorado para trazer o café porque tinha ido saudar as Irmãs que sairiam para o trabalho na cidade.

– É um lindo dia, e também um pouco frio – disse. – Hoje as Irmãs não sofrerão muito com o calor.

Falava com ternura como uma verdadeira mãe que se preocupa com as filhas. Perguntou se eu gostara da cerimônia da profissão das Irmãs, à qual eu tinha assistido no dia anterior.

– Sim, muito! – respondi.

– Você deveria ir nos encontrar em Calcutá – disse. – Lá poderia respirar a verdadeira atmosfera da nossa congregação e compreender o significado profundo da obra que Jesus quer de nós.

– Gostaria muito de ir a Calcutá – respondi. – Na verdade, devo ir, sem dúvida. Dê-me seu endereço exato e também o telefone. Escreverei e irei encontrá-la.

Madre Teresa pegou uma caderneta de notas que estava próxima, a qual serviria para registrar minhas impressões, abriu-a numa página em branco e escreveu o próprio endereço. Depois, sorrindo, me contou:

– Um dia, na América, encontrei com alguém importante e muito rico. Deu-me seu cartão de visita e pediu o meu. "Eu não tenho cartão de visita", respondi. "Como?", disse admirado. "Uma mulher famosa e importante como a senhora deve ter um cartão de visita. Aqui na América, as pessoas são muito atentas a esses costumes. Aconselho-a a providenciar logo um e verá que lhe será útil". Escutei aquele senhor. Mandei imprimir os cartões de visita também. Não coloquei em cima, como se costuma, meus títulos e minhas credenciais, porque não tenho nenhum deles, sou menos do que nada. Mandei escrever algumas frases que são o meu programa de vida.

Madre Teresa procurou no bolso do seu sári um desses cartõezinhos e me deu. Era um retângulo de papel pobre, azul desbotado. Em cima estava escrito em inglês:

> JESUS é feliz de vir a nós
> como a VERDADE a ser dita,
> como a VIDA a ser vivida,
> como a LUZ a ser acesa,
> como o AMOR a ser amado,
> como a ALEGRIA a ser dada,
> como a PAZ a ser difundida.
>
> Madre Teresa

– Este cartão – disse –, permite-me estar de acordo com os costumes das pessoas importantes que encontro com frequência. Elas me dão o cartão de visita delas e eu retribuo com o meu. E, junto, difundo um bom pensamento, uma mensagem. Quem sabe alguém, lendo estas linhas, não pense, não reflita sobre seu importante significado. Pode-se fazer o bem assim.

Os mendigos no palácio do século VI

Jamais estivera antes na casa das Missionárias da Caridade em Celio. Em geral, havia encontrado com Madre Teresa nas residências da periferia. Fiquei curioso para ver como seria a Casa Mãe de uma congregação que se dedicava aos pobres.

Madre Teresa me acompanhou na visita àquela residência, que se encontra em uma região belíssima. Fazia-lhe perguntas, que ela não respondia. Compreendi que eram coisas pouco claras e talvez pouco "cristãs" para ela, que, como sempre em circunstâncias semelhantes, preferia se calar.

Curioso, quis conhecer logo a história daquele complexo, que vou relatar aqui.

O edifício de "São Gregório Magno", onde se encontra a Casa Mãe das Missionárias da Caridade, teve origem no século VI depois de Cristo. Encontra-se sobre a colina Celio, entre o Coliseu e o Circo Massimo. Em 1573 tornou-se propriedade dos monges Camaldulenses, servindo para abrigar os pobres.

Depois da unificação da Itália, o complexo foi dividido em duas partes: uma, com a igreja e algumas habitações, passou a ser usada para o culto; a outra foi concedida ao patrimônio municipal com finalidades assistenciais. Abrigara antes um instituto de puericultura e, sucessivamente, sob o fascismo, tornara-se uma escola para assistentes sociais.

Em 1946, a prefeitura doou-o em concessão aos Camaldulenses para que retomasse sua antiga função assistencial. Mas os monges, por falta de pessoal, não chegaram a utilizá-lo. Assim, em 1974, decidiram colocar o complexo à disposição de Madre Teresa, para que fizesse um autêntico asilo para os pobres e desabrigados. Avisaram à administração municipal sobre o projeto, obtendo autorização para realizá-lo.

Protocolo 29527: ordem de despejo

Madre Teresa organizou naquele antigo estabelecimento uma extraordinária e eficiente casa de acolhimento para os sem-teto. Em vinte quartos preparou oitenta leitos.

Toda noite as irmãs saíam pela cidade à procura dos casos mais desesperadores. Desafiando toda espécie de maldade e de incompreensão, seguiam em direção aos subterrâneos da "Stazione Termini", aos pórticos da Praça Esedra, às ruínas do Coliseu, isto é, nas áreas onde, geralmente, as vítimas da desolação e da miséria buscam refúgio. Os mais necessitados eram conduzidos até a residência e socorridos com amor ilimitado.

Em pouco tempo, a obra de Madre Teresa em São Gregório al Celio tornou-se um exemplo luminosíssimo da caridade cristã. Também os agnósticos e ateus, ao ouvir falar das maravilhas realizadas pelas Missionárias da Caridade, comoviam-se. Ricciardetto, célebre polemista que se declarava agnóstico, depois de escutar as façanhas dessas Irmãs em Roma, quis conhecer Madre Teresa e, diante dela, experimentou uma emoção profunda, a ponto de chorar.

Mas essa dedicação de amor ilimitado em favor dos pobres incomodava alguns. Quando a administração municipal de Roma passou para as mãos de uma maioria comunista, aconteceu o improvável.

Na manhã do dia 31 de dezembro de 1976, o superior dos Camaldulenses, que tinha confiado o prédio São Gregório al Celio às Missionárias da Caridade, recebeu uma recomendação segundo a qual o prefeito de Roma o intimava a desocupar os locais que hospedavam as Irmãs e os sem-teto. A recomendação, com número de protocolo 29527, dizia: "Comunica-se que esta administração, por imperativo de exigências próprias, tem absoluta e inadiável necessidade de ter disponível o imóvel em objeto, atualmente ocupado por essa Ordem. Pede-se, portanto, providenciar a entrega do imóvel livre de pessoas e coisas, durante e não além de trinta dias da recepção da presente, com a advertência de que, caso contrário, serão iniciados os atos para proteger os direitos e os interesses da administração municipal".

Era uma autêntica ordem de despejo. Tudo aquilo que Madre Teresa e suas Irmãs tinham feito naqueles dois anos de intenso trabalho deveria ser interrompido e esquecido. Nenhuma consideração pelo heroico espírito de sacrifício demonstrado pelas religiosas, nem mesmo pela felicidade que elas haviam distribuído a tantos "desabrigados".

– Jesus não nos abandonou jamais e não nos abandonará agora – comentaram, serenas e imperturbáveis, as Irmãs. – Ele saberá indicar o caminho a seguir e encontrar outro teto debaixo do qual hospedar tantas criaturas que sofrem.

Mas, se as Irmãs estavam resignadas, as pessoas, não. Os romanos se mobilizaram em massa a favor de Madre Teresa. Autoridades políticas e religiosas intervieram, e o prefeito teve de retirar a ordem judicial. As Irmãs permaneceram em São Gregório al Celio e continuam lá até hoje.

Prosseguiram sua atividade caritativa sempre com o mesmo amor e a mesma abnegação. Entretanto, essa página da história romana, a ordem de despejo por parte do prefeito da Cidade Eterna, ficou na história.

Felizmente, vinte anos depois, exatamente no dia 21 de maio de 1996, outro prefeito de Roma, Francisco Rutelli, jovem e com visão de futuro, permitiu, em parte, que fosse esquecida essa ordem de despejo de número 29527. Em cerimônia oficial, na Praça do Capitólio, no salão nobre Júlio César, na presença de muitos membros do Conselho Capitolino, ele nomeou Madre Teresa como cidadã honorária da capital italiana.

As Irmãs no galinheiro

Esta é a história que eu soube mais tarde. Como já disse, Madre Teresa, naquele dia, enquanto me levava para visitar a "residência", não fez nenhum comentário às perseguições sofridas. Eu só apreciei aqueles belíssimos locais.

Todas as congregações religiosas têm uma Casa Mãe em Roma. Em geral, trata-se de residências muito bonitas, amplas, organizadas em edifícios antigos. A Casa Mãe abriga, como de costume, os superiores da congregação e é o centro operativo em contato com o Vaticano. Deve manter também as aparências externas para uma função de representação. Seria natural pensar que também a Casa Mãe romana das Missionárias da Caridade tivesse essas características, fosse muito bela e se encontrasse num antigo palácio, como o famoso complexo de São Gregório Magno. Mas não era assim.

As Irmãs tinham transformado a belíssima construção do século VI, que no passado fora sede dos Camaldulenses, em residência para os desabrigados. Os pobres, os deserdados que recolhiam à noite pelas ruas de Roma, eram hospedados como príncipes numa autêntica mansão, na mais bela entre as residências que as Missionárias da Caridade possuíam em todo o mundo.

Elas, ao contrário, religiosas da Igreja romana, esposas de Cristo, viviam num galinheiro. Isso mesmo! Tinham transformado o antigo galinheiro da vila em um convento. E nesse local que Madre Teresa quis estabelecer a Casa Mãe das Missionárias da Caridade em Roma. Vivem aí. Com extrema simplicidade, recebem os visitantes: personagens célebres e poderosas, bispos, cardeais, industriais, políticos, ou pessoas simples do povo, dando a todos um exemplo comovente de pobreza absoluta.

O conventinho é lindo e limpo, mas conserva as estruturas elementares de um galinheiro. As salas são pequenas e as paredes, grosseiras. O teto não tem forro, por isso, no verão, os quartos são muito calorentos e, no inverno, eles congelam. Não existe aquecimento e o frio se faz sentir mesmo em Roma. A mais autêntica pobreza reina absoluta e se tem a impressão de tocá-la com a mão, de tão real e concreta. Caminhando por uma espécie de corredor, que divide o edifício em dois, e imaginando que ali, naquela estrutura de favela, vivem jovens Irmãs, experimenta-se um sentimento de opressão e desalento, que nem mesmo o sorriso doce e seguro no rosto das religiosas consegue afastar.

– Nós, Missionárias da Caridade, devemos sofrer com Cristo – me disse Madre Teresa, vendo no meu rosto uma expressão de perplexidade. – Somente desse modo estamos em condições de partilhar os sofrimentos dos pobres. A nossa congregação poderia sucumbir se as Irmãs não caminhassem com o mesmo passo de Cristo nos seus sofrimentos, se as Irmãs não vivessem na pobreza. A pobreza rigorosa é nossa salvaguarda. Não queremos que nos aconteça o mesmo que a outras ordens religiosas no curso da história, que começaram servindo os pobres e passaram insensivelmente a servir os ricos. Para compreender e poder ajudar os que são privados de tudo, devemos viver como eles. A diferença radical está somente no fato de que nossos assistidos são pobres por força da situação, enquanto nós o somos por livre escolha, por amor.

Pobreza absoluta

Cada vez que Madre Teresa usava a palavra "pobreza", dando-lhe o sentido de condição absoluta, típica de quem não possui nada mesmo, minha mente ficava confusa. Não conseguia compreender. Sabia que todas as ordens religiosas, sobretudo as ditas "mendicantes", fazem voto de pobreza, mas eu percebia que as coisas eram diferentes para as Missionárias da Caridade. Por isso, pedia sempre novas explicações a Madre Teresa sobre os princípios jurídicos da sua congregação, e ela me repetia sempre as mesmas coisas, que não entravam na minha cabeça.

Ainda hoje creio não ter ideias claras sobre isso. Porque, em minha opinião, uma congregação como a das Missionárias da Caridade, do modo como foi idealizada por Madre Teresa, é impossível ser administrada e operar no nosso mundo senão por contínuas intervenções milagrosas da Divina Providência. E isso justamente por causa do voto de pobreza. Todos os membros das várias ordens e institutos religiosos fazem o voto de pobreza, mas trata-se de um voto atenuado. Também os institutos que havia tempo regidos pela pobreza evangélica rígida, hoje se adaptaram às exigências práticas e operativas requeridas por uma sociedade que, administrativamente, é muito complicada.

Madre Teresa, ao contrário, para as suas Missionárias da Caridade, voltou ao antigo e restabeleceu esse voto na sua velha, difícil e sublime rigidez. É difícil imaginar como uma sociedade de cerca de cinco mil pessoas possa ser regida e trabalhar tendo fé num voto desse tipo.

Cada sede das Missionárias da Caridade, para existir, envolve despesas, portanto, requer que haja receita ou fundos de capital para serem sacados.

As Missionárias da Caridade não são uma indústria produtiva. Sua atividade é essencialmente caritativa, destinada a ajudar os mais pobres entre os pobres. Requer dinheiro para distribuir a quem não tem nada, para comprar alimento, roupas, medicamentos. É, por isso, uma atividade constante e fortemente em prejuízo, na qual se gasta muito e não existem entradas fixas e seguras que substituam o dinheiro gasto.

O "exército" de Madre Teresa é enorme. As 4.500 Irmãs que trabalham em mais de 700 sedes espalhadas em mais de cem nações custam bastante. Além disso, são responsáveis por centenas de milhares de pessoas pobres, crianças abandonadas, moribundos, desabrigados, deficientes, mães adolescentes, doentes soropositivos, leprosos: uma multidão de pessoas que precisam ser hospedadas, alimentadas, vestidas, tratadas, às vezes, com intervenções cirúrgicas custosas e com medicamentos difíceis de encontrar. Enfim, um grupo que gasta muitíssimo e que é incapaz de produzir.

Pequenos gestos de amor

O custo total da empresa inteira, por isso, envolve cifras espantosas e uma administração capaz de provocar um ataque cardíaco. Somente quem tivesse um capital milionário, com enormes investimentos bancários, poderia enfrentar tranquilamente uma situação desse tipo.

Eu comentei o fato com Madre Teresa e lhe perguntei onde iria arranjar todo o dinheiro necessário para seguir em frente. Ela sorriu e me respondeu:

– A Providência. A Providência pensa nisso...

Resposta fácil, evasiva, disse para mim mesmo, e retomei o assunto. Então a Madre me repetiu os conceitos precisos do voto de pobreza que ela queria para sua congregação. Uma pobreza total e absoluta, que envolve não somente cada uma das religiosas, como pessoa, mas também a congregação como comunidade, como ente jurídico. Nos outros institutos religiosos, o voto de pobreza refere-se à pessoa. Mas o instituto pode possuir e ter rendimentos, enriquecer em certo sentido. Isto não acontece com as Missionárias da Caridade. Também como instituição, não possuem nada, não têm rendimentos nem entradas fixas, não recebem salário pelo trabalho que fazem. Vivem somente da caridade.

– Além dos tradicionais três votos, de pobreza, castidade e obediência, comuns a todos os religiosos e religiosas dos outros institutos – dizia-me Madre Teresa –, nós fazemos um quarto voto. Trata-se de um voto particular, que nos caracteriza. Uma espécie de "supervoto" de pobreza. Empenhamo-nos em servir amável e "gratuitamente" todos os deserdados. Esse voto exige que não aceitemos nenhuma recompensa pelo nosso trabalho. É verdade que, para manter em pé nossa congregação e suas atividades, é necessário muito dinheiro. A Providência pensa nisso e nos manda através de pessoas generosas que desejam colaborar conosco. Vivemos, portanto, de ofertas, esmolas, pequenos gestos de amor de milhares de pessoas. Mas, para não duvidar da Providência, não aceitamos ajudas "fixas" de nenhum tipo, nem empréstimos, nem salários, nem subvenções. Não quero, nem mesmo, que as pessoas se empenhem em nos dar somas de dinheiro com vencimentos regulares, cada semana, cada mês, cada ano. As entradas fixas nos permitiriam fazer programas, planos de ação, projetos... Mas com esses benefícios não seríamos mais filhas da Providência.

"JAMAIS PENSAMOS NO AMANHÃ"

Com tais princípios, Madre Teresa deu vida a uma organização maravilhosa e gigantesca, que funciona perfeitamente e distribui felicidade e esperança a milhares e milhares de desesperados. Um prodigioso milagre do amor e da fé em Deus. Mas é necessário ter, verdadeiramente, uma fé sólida para não morrer de preocupação cada manhã, ao pensar como será possível que uma engrenagem desse tipo possa chegar à noite sem explodir pelos ares.

– A razão essencial dessa pobreza – explicou-me Madre Teresa – é constituída pelo amor. Os nossos assistidos são pobres contra sua vontade. Nós, ao contrário, nos tornamos pobres como eles por escolha de amor. Queremos ser como Jesus, que, sendo rico, escolheu nascer, viver e trabalhar entre os pobres. Nas nossas Constituições está escrito: "Nós e nossos pobres confiaremos plenamente na Divina Providência. Como membros de Cristo, que viveu de esmola durante sua vida pública, e a quem servimos nos doentes e nos pobres, não nos envergonhamos de mendigar de porta em porta".

Para ter fé nesse incrível ideal de vida evangélica, Madre Teresa habituou suas Irmãs a não pensar jamais no amanhã. Está escrito nas Constituições: "Nós devemos deixar a Deus Onipotente cada projeto para o futuro. Porque ontem é passado, amanhã ainda não chegou e temos somente hoje para tornar Jesus conhecido, amá-lo e servi-lo".

A cada Irmã, a Regra permite um enxoval pessoal reduzido ao essencial: uma camisa branca e comprida, que lhe cobre do pescoço até os tornozelos e os pulsos, e por cima um sári branco. Nos pés, sandálias simples. Cada Irmã possui três hábitos e dois sáris. Caso tenha de mudar de residência, fica pronta em dez minutos: tudo que possui pode ser levado numa pequena bolsa.

A Regra impõe ainda que as casas onde as Irmãs moram devem ser simples, modestas e assemelhar-se ao máximo às dos pobres. Nos países do terceiro mundo, com frequência, as religiosas vivem em autênticos barracos. Por espírito de pobreza, renunciam também à privacidade. Dormem em dormitórios, sem ter sequer um cantinho só para elas.

Capítulo 7

As "carícias" da Providência

Um dia, depois de Madre Teresa ter-me falado da pobreza absoluta que ela quis para sua congregação, eu lhe disse:

– Mas, então, para poder manter vivas suas Irmãs e suas obras de caridade, são necessários milagres.

– É isso mesmo – respondeu sorrindo, diante da expressão de assombro que via no meu rosto. – Milagres cotidianos. Cada dia, Deus realiza para nós verdadeiros milagres. Constatamos concretamente. Se não houvesse esses prodígios "cotidianos", não poderíamos seguir adiante, não poderíamos fazer nada.

Sempre em estado de emergência

Madre Teresa me olhava. Meu espanto aumentava, tornava-se quase ceticismo, dúvida sobre aquilo que a Irmã me dizia.

– A senhora fala de milagres verdadeiros, autênticos? – perguntei.

– Sim, milagres concretos – disse a Madre. – Eu os chamo "carícias" da Providência, mas são verdadeiros milagres.

Continuou a olhar-me por alguns instantes e depois, com voz decidida, forte, desviando o olhar, disse:

– Minha obra foi desejada por Jesus. Ele "deve" fazê-la seguir adiante.

Salientou o verbo "deve" de modo tão decidido que me fez sentir arrepios. Tive a impressão de que aquela frase não era endereçada a mim, como explicação, mas a "Alguém" que eu não via. Parecia um desafio. Era uma afirmação, mas também uma oração urgente.

Depois de uma estranha e longa pausa de silêncio, Madre Teresa, com voz suave, recomeçou a dizer:

– A Providência cada dia provê generosamente minhas Irmãs e nossos assistidos. E o faz através de muitas pessoas generosas, industriais, instituições, empresas, companhias petrolíferas, governos. Mas, sobretudo, através de pequenas ofertas de quem vive com modestos recursos econômicos. E são essas ofertas que têm maior valor, porque, para fazê-las, as pessoas talvez enfrentem sacrifícios e, desse modo, o seu gesto é um autêntico ato de amor. Nas nossas casas, com tudo que é necessário para manter as pessoas que pedem ajuda, estamos sempre em estado de emergência. Nenhuma Irmã responsável pelo andamento de uma casa poderia dormir tranquila se não houvesse uma imensa fé em Deus. Quase nunca temos o suficiente para nos manter por uma semana e, às vezes, nem o necessário para chegar até à noite. Mas sempre, talvez no último momento, chega uma solução. O Senhor inspira diferentes pessoas a trazer-nos, por razões diversas, a ajuda que para nós é vital. Se essas ajudas não chegassem, estaríamos com dificuldades.

"Faremos chegar o remédio de Londres"

– Em Calcutá, cozinhamos todos os dias para nove mil pessoas. Numa manhã, uma Irmã veio dizer-me que não tinha mais nada na despensa. Era quinta-feira. Esperava-se um fim de semana ruim. Era a primeira vez que me encontrava diante de um imprevisto desse tipo. "Devemos avisar nossos assistidos", disse a Irmã. "Não, esperemos", respondi. "Enquanto isso, vá à igreja apresentar o problema a Jesus". Eu rezei também e fiquei à espera dos acontecimentos. Sexta-feira de manhã, às nove horas, chegou um caminhão cheio de pãezinhos, geleia e leite. Era o alimento destinado às refeições escolares da cidade. Mas naquela manhã o governo tinha decidido fechar as escolas, e todos aqueles bens de Deus não tinham destinatário. Em seguida, procurei informar-me para saber por que naquela manhã as escolas tinham sido fechadas repentinamente, mas jamais fiquei sabendo o motivo. Eu creio que Deus interveio para ajudar-nos. De fato, durante dois dias nossos assistidos puderam comer à saciedade.

– Outra vez, um homem veio procurar-me. Chorava porque seu único filho estava morrendo. Levara-o a um especialista que lhe havia dito que poderia salvar o rapaz com um remédio especial, muito caro, praticamente inexistente na Índia. Contudo, dera-lhe por escrito a receita, e naquele momento o homem pedia-me para ajudá-lo. Na tentativa de aliviar seu sofrimento, disse-lhe para ficar tranquilo. "Faremos vir o remédio da Inglaterra", prometi. Mas, mal ele tinha ido embora, percebi que tinha arrumado um problema. Não era fácil trazer aquele remédio de Londres e, depois, se conseguisse, seria necessário tempo, e o rapaz estava no fim da vida. Enquanto eu refletia, um colaborador nosso chegou com o habitual pacote de remédios que tinha recolhido nas casas dos ricos. Nós costumamos recolher os remédios não vencidos, porque são preciosos para nossos pobres que não podem comprá-los. Enquanto verificava o que havia sido trazido, meus olhos pousaram imediatamente sobre um frasco. Era o remédio necessário para o jovem moribundo, com a dose exata prescrita pelo especialista!

A CASA DE AGRA

– Em Londres, com algumas Irmãs, estava procurando uma casa para abrir uma nova sede. Uma senhora tinha uma residência que respondia perfeitamente às nossas exigências. Fomos procurá-la. Depois de nos ter feito visitar a casa, a senhora nos disse bruscamente: "São 6.500 liras esterlinas, e precisam pagar logo". E acrescentou: "Eu não creio em nada e não faço caridade a ninguém". A situação era bastante ruim. Não tínhamos dinheiro, mas, ao mesmo tempo precisávamos daquela casa. Decidimos caminhar pela cidade para visitar amigos e simpatizantes, pedindo sua caridade na tentativa de arranjar uma boa parte daquela soma. Quando, à tarde, nos encontramos novamente, fizemos as contas: tínhamos exatamente 6.500 liras esterlinas!

– Certo dia, uma Irmã minha telefonou de Agra, na Índia, pedindo-me 50 mil rupias para abrir uma casa para crianças abandonadas. "Impossível", respondi. "Onde quer que eu encontre todo esse dinheiro?" "Alguns minutos mais tarde, tocou de novo o telefone. Era o diretor de um grande jornal. "O governo filipino concedeu-lhe o prêmio Magsaysay e uma soma em dinheiro", anunciou-me. "Quanto?", perguntei. "50 mil rupias", respondeu. "Nesse caso", disse, "suponho que Deus queira que se abra uma casa para crianças em Agra".

– Uma tarde, a noviça encarregada da cozinha me disse que na despensa não tinha mais arroz e, em casa, nem mesmo uma rupia para comprá-lo. "Vá à capela rezar", eu disse para a noviça. Às 16h30 uma desconhecida chegou à porta com um saco. "Senti-me impelida a trazer-lhe isto", disse. No saco tinha o arroz necessário para o jantar.

"NEM MESMO UMA GOTA DE CHUVA"

– Em outra ocasião, as Irmãs ficaram sem lenha para cozinhar. No fogo estava uma grande panela de *curry*. Como de costume, mandei algumas Irmãs rezarem. Pouco depois, tocou a campainha e um benfeitor trouxe uma carga de lenha.

– Durante a estação das chuvas, em Calcutá, tinha começado a chover muito. Estava preocupada. Eu havia colocado noventa e cinco caixas de leite em pó no quintal e debaixo daquela chuva seriam perdidas. "Que devo fazer, Senhor?", rezei. "O leite está lá fora!" Parecia que Jesus não queria escutar-me, porque a chuva continuava pesada e ininterrupta. Então, peguei o crucifixo e o coloquei no meio das caixas de leite, debaixo da chuva, de modo que também ele percebesse a situação, mas nem mesmo isso serviu para parar a água. Depois de cinco dias, o céu finalmente ficou claro. As caixas navegavam na água. Fomos abri-las para ver se era possível salvar alguma coisa, mas com grande espanto constatamos que o leite em pó estava perfeitamente seco. Algumas caixas tinham a cobertura danificada, mas através das frestas da madeira não tinha penetrado nenhuma gota de água!

– Muitos ficam admirados ao me ouvir contar fatos desse tipo, mas não existe nada de extraordinário: é tudo simples, lógico. Se vejo um pobre, sinto um grande desejo de ajudá-lo. Mas sou apenas uma mulher. Quanto maior deve ser o desejo de Jesus de ajudar-nos nas dificuldades! Também ele tem um coração que ama imensamente. Jesus está no céu também com seu corpo e, portanto, é uma pessoa semelhante a nós, uma pessoa maravilhosa, boníssima, sensibilíssima. Não fica jamais indiferente aos nossos sofrimentos e às nossas preocupações. Basta crer cegamente no seu amor para podermos cada dia ser testemunhas dos seus milagres. Com frequência o Senhor quer nos ajudar e serve-se do nosso próximo. Inspira as pessoas a nos quererem bem, a ter simpatia por nós, a querer colaborar. Mas é sempre ele que age em nosso favor.

– Um dia vieram procurar-me dois jovens hindus e me entregaram uma oferta para meus pobres. Como se tratava de uma grande soma, perguntei como tinham conseguido tanto dinheiro. "Casamo-nos há dois dias", responderam-me. "Tínhamos reservado bastante dinheiro para a festa do nosso matrimônio e recebemos mais de presente dos amigos e parentes. Porém, no último momento, decidimos comprar as coisas indispensáveis e dar-lhe o restante. Nós a queremos muito bem e pensamos que seria belo partilhar nosso amor com os pobres a quem a senhora serve."

– Há tempo, em Calcutá, atravessamos um período em que faltava açúcar. Pela cidade espalhou-se a notícia de que Madre Teresa não tinha mais açúcar para seus órfãozinhos, e muitas pessoas vieram nos ajudar. Uma tarde chegou um casal com o filho de seis anos. Tinha na mão um frasco. Por uma semana, o menino tinha se recusado a comer açúcar para poder doá-lo àqueles menos afortunados do que ele.

Colaboradora secreta

– Temos cooperadores espalhados pelo mundo, unidos entre si em grupos, que nos dão ajuda muito valiosa, recolhendo vestuário, gazes, medicamentos e todas as coisas usadas em nossos dispensários. São os sacrifícios simples e generosos de milhares de pessoas desconhecidas que nos permitem ajudar tanta gente. Porém, confio somente nas orações. Jamais penso no dinheiro. Desejamos realizar a obra do Senhor, e ele deve nos fornecer os meios: se não o faz, quer dizer que não deseja determinada obra. Por isso, as pessoas que considero meus maiores colaboradores e das minhas Irmãs são os doentes que oferecem suas dores a Deus por nós, os contemplativos, monges e monjas, que rezam pela minha obra. Muitos deficientes que não podem desenvolver nenhuma atividade, estão ligados a nós com um pacto de colaboração. Adotam uma Irmã e oferecem a ela os seus sofrimentos e suas orações. Entre os dois nasce um entendimento muito estreito, tornando-se como uma só pessoa. Também tenho a "minha colaboradora secreta". É uma senhora belga, que conheço há mais de trinta anos. Chama-se Jaqueline Decker, que é muito doente. Sofreu dezessete intervenções cirúrgicas e suporta toda dor para ajudar-me a desenvolver bem minha missão. Todas as vezes que tenho qualquer coisa de especial para cumprir, é ela quem me dá a força e a coragem necessárias. De fato, nessas ocasiões seus sofrimentos aumentam. Às vezes me escreve: "Estou segura que neste período tem muitas coisas para fazer, muito que caminhar e falar. Sei porque as dores que sofro nas costas e outros sofrimentos tornaram-se particularmente intensos". Jaqueline nunca erra. As leis misteriosas que governam os espíritos permitem esses intercâmbios. É a minha amiga doente que cumpre a parte mais difícil da minha obra.

Capítulo 8

Oração contínua

Nas várias conversas com Madre Teresa, o argumento da oração era constante. Ela se referia à oração em cada situação. Não somente para as complicadas, difíceis, em que a ajuda do céu era indispensável, mas também para as pequenas, as mínimas. E isso porque, para ela, a oração não significava "pedir" qualquer coisa a Deus, mas "falar com ele", confiar-lhe tudo, constantemente, segura da intervenção dele.

A oração para ela era "pão cotidiano", e também "oxigênio" indispensável.

Parecia em êxtase

Um dia, com uma ponta de ironia, lhe perguntei:

– Mas a senhora, Madre, e as suas Irmãs, rezam sempre?

A Madre percebeu aquela ponta de benévola ironia presente no tom da minha voz, e me fez notar com uma das suas frequentes pausas de silêncio.

– É verdade, rezamos sempre – disse, retomando a conversação. – Como repito com frequência, não somos Irmãs de "vida ativa", somos contemplativas que vivem no meio do mundo. A oração, por isso, é fundamental para nós. A nossa vida deve ser uma oração contínua. É a oração, e somente a oração, que nos dá a força para enfrentar os sacrifícios da nossa missão.

Em muitas ocasiões ficava observando Madre Teresa enquanto "praticava" essa sua oração habitual contínua. Rezar era para ela quase um reflexo condicionado. Também quando estava com outras pessoas, se os interlocutores passassem a falar entre si, ela aproveitava, inclinava a cabeça, fechava os olhos e era como se se dirigisse a "alguém" que tinha dentro de si. Tudo acontecia de modo espontâneo, natural, e os outros nem percebiam.

Quando a Madre rezava de modo "oficial", recitava as orações tradicionais, como o rosário, ou assistia à Missa, parecia em êxtase; permanecia profundamente concentrada e todo seu ser participava da oração, e também seu corpo.

A primeira vez que a vi assim fiquei de tal modo impressionado que ainda hoje, depois de anos, quando penso em Madre Teresa, a vejo diante dos olhos nessa atitude. Foi durante a Missa de profissão das jovens Irmãs na igreja de São Policarpo em Roma, da qual já falei. Estava num canto, ajoelhada, com as mãos unidas e a cabeça inclinada, mas firme como uma estátua. Sabia que tinha o corpo martirizado pelas artroses e, manter por longo tempo essa posição, deveria ser um tormento. Entretanto, tal postura revelava sua íntima convicção de sentir-se diante de Deus.

Um verdadeiro colóquio com Deus

Em outra ocasião, estávamos na via Casilina. Conosco estava também o Bispo Hnilica, que me acompanhara em seu carro, como fazia com frequência. Também nesse dia havíamos conversado muito. Em certo momento, a Madre lembrou-se de que tinha um compromisso e perguntou as horas.

– São onze horas – respondi, depois de ter consultado o relógio.

– Devo ir ao Vaticano, estou atrasada! – disse, levantando-se.

O Bispo Hnilica ofereceu-se para levá-la com seu carro.

– Obrigada, o senhor me faz um grande favor – disse a Madre, que parecia preocupada. – Não posso fazer o Papa me esperar – acrescentou, sorrindo.

Sentou-se no banco de trás do carro e eu tive o privilégio de sentar-me a seu lado.

O Bispo Hnilica, na frente, perto do motorista, disse:

– O meu chofer é um condutor habilíssimo. Conhece todos os segredos do trânsito caótico de Roma. Verá que com ele recuperaremos o tempo perdido e chegaremos pontualmente ao Vaticano.

O carro partiu velozmente. Madre Teresa olhava pela janela. O seu rosto estava sereno.

Depois de alguns minutos, pediu para rezarmos com ela. Fez o sinal da cruz, tirou o terço do bolso do seu sári e começou a recitá-lo. Rezava devagar, com voz submissa, o Pai-Nosso e a Ave-Maria, em latim. Rezávamos com ela.

O carro corria continuamente no trânsito. Às vezes parava bruscamente, desviava, arrancava com ímpeto, fazia curvas fechadas, temerariamente, e encostava em outros carros, que, impacientes e agressivos, lançavam ameaças exasperadas e buzinadas, querendo ultrapassá-lo. Eu estava agarrado à maçaneta e olhava com preocupação o motorista, muito bom, mas imprudente. Madre Teresa, ao contrário, estava absorta na oração e não percebia nada. Curvada no banco, estava em colóquio com Deus. Tinha os olhos semiabertos. O rosto enrugado, dobrado sobre o peito, estava transfigurado. Parecia quase emanar luz.

As palavras da oração saíam dos seus lábios precisas e claras, como se parasse para saborear o significado de cada uma. Não tinham o ritmo de uma fórmula continuamente repetida, mas o frescor do diálogo, de uma conversação viva, apaixonada. Parecia que Madre Teresa falava realmente com uma presença invisível.

Terminada a oração do terço, o Bispo Hnilica começou a conversar comigo, explicando-me os monumentos romanos que encontrávamos ao longo do caminho. Escutava, mas na realidade me concentrava em observar Madre Teresa, que continuava absorta, em silencioso colóquio com Deus. Tinha sempre a cabeça voltada para o peito e os olhos fechados. Movia ligeiramente os lábios. Somente quando chegamos às proximidades da Praça São Pedro, depois de mais de uma hora de viagem, voltou-se para nós e recomeçou a conversar com sua habitual cortesia.

Paramos na entrada do Vaticano, onde ficam os guardas suíços, e descemos do carro. O Bispo Hnilica nos disse para esperar e foi telefonar.

Algumas jovens reconheceram a Irmã e foram ao seu encontro, gritando:

– Madre Teresa, Madre Teresa!

Beijaram-lhe a mão e pediram um autógrafo. A Irmã cumprimentou-as de modo afetuoso e depois se retirou, humilde e reservada, para um canto. E eu ainda via seus lábios sussurrarem, como quando estava sentada ao meu lado no carro. Ainda rezava.

A ORAÇÃO SEMPRE É ATENDIDA

Um dia, de repente, Madre Teresa me perguntou se eu ia de vez em quando à igreja.

– Certamente – respondi. – Vou à Missa todos os domingos, com minha família.

– Não à Missa do domingo – disse ela. – Nunca vai à igreja durante o dia, para encontrar Jesus?

A pergunta me pegou de surpresa. Confessei que nunca ia. Também disse que jamais tinha pensado nisso. Ela sorriu para mim.

– Deve ir – disse. – Jesus está lá e espera. Ele está lá "realmente". Como explica o Catecismo, a sua presença na Eucaristia é "verdadeira, real, substancial". Significa que ele está em alma, corpo e divindade, isto é, como estava presente entre os apóstolos, em Jerusalém, e como apareceu aos apóstolos depois da Ressurreição. A presença de Jesus na Eucaristia é um mistério extraordinário e belíssimo. Você deve ir com frequência encontrar Jesus. Ao menos todas as vezes que passar diante de uma igreja. Não é necessário que permaneça muito tempo, que faça orações. Não. Deve mostrar-se. Talvez sentar-se um pouco diante dele e ficar ali. Não precisa dizer nada. Deve escutar. Ele é quem vai falar, e essa é a oração mais bela.

As fórmulas tradicionais ajudam porque nossa mente se distrai facilmente. Mas quando aprender a escutar, escutar com atenção, e com o coração, então encontrará uma fonte de energia magnífica e poderá enfrentar qualquer sacrifício, qualquer dificuldade. Sentir-se-á "abraçado" por Jesus.

Perguntei-lhe:

– No Evangelho se lê que um dia os discípulos disseram a Jesus: "Ensina-nos a rezar". E ele, depois de sugerir a belíssima oração do Pai-Nosso, continuou a exortá-los a ter confiança em Deus, a insistir na oração: "Crede e vos será dado", "Procurai e achareis", "Batei e vos será aberto". Porém, na prática, são poucos os que rezam e alcançam sempre o que pedem. Por quê?

– A oração sempre é ouvida e o pedido é satisfeito por Deus – disse a Madre. – Isto é certo, matemático. Quem o disse foi Jesus, justamente com as frases que você já citou. Não podemos esquecer que Jesus nos revelou que Deus é "Pai". Um pai quer o bem dos seus filhos, não o mal; porém, o bem visto sob a ótica da realidade absoluta, total. Portanto, se pedimos, é porque pensamos que possa ser um bem para nós. Mas Deus vê o futuro, vê qual é nosso verdadeiro bem, e nos escuta somente se aquilo que pedimos nos é verdadeiramente útil. Caso contrário, não nos escuta, no sentido de que não concede aquilo que pedimos, porque seria nocivo para nós, mas nos dá algo mais útil que não tínhamos pedido. É como uma mãe que toma nos braços o próprio filhinho que lhe pede um brinquedo perigoso. Aperta-o forte, beija-o para demonstrar o quanto o ama, embora não realize seu pedido, que seria perigoso.

– Tenho visto muitas mães chorar e rezar desesperadamente por crianças pequenas com doenças incuráveis. Mas a oração delas quase sempre fica sem resposta. Então se pensa que Jesus esteja ausente.

– Não, não, não se deve pensar isso – disse a Madre, com voz sofrida. – Estou certa de que, diante do sofrimento dessas mães, o próprio Jesus tem o coração repleto de sofrimento. Mas ele sabe que essa dor faz parte da sua Paixão na cruz, que salvou toda a humanidade. Seria necessário fazer um longo discurso sobre "o sentido do mistério" do sofrimento. Mas posso assegurar-lhe que Jesus escuta sempre nossas orações, sempre, sempre.

Na "noite do espírito"

Ela falava com intensidade. Compreendia-se que estava verdadeiramente apaixonada por Jesus. Pensei, então, que tivesse com ele verdadeiros encontros, reais, que o visse de vez em quando, como se lê nas biografias dos santos. Ao contrário, não era assim. Depois da sua morte foram publicadas as cartas que tinha escrito ao seu confessor e também as páginas dos seus diários. Por meio desses escritos soube-se que a Madre, por anos e anos, viveu um terrível estado de "aridez espiritual". Um calvário de dúvidas, incertezas, de improdutividade. Ela sorria, mas dentro do seu coração existia a morte. Uma verdadeira e assustadora "noite do espírito", como dizem os místicos.

Também quando me falava de Jesus desse modo apaixonado, na realidade, carregava no coração a aridez de um deserto. Mas sua vontade de querer crer em Jesus era sólida, e crer de modo tão sofrido que se tornava amor em estado puro.

Uma Irmã que com frequência a acompanhava nas viagens contou-me alguns episódios muito significativos.

– A Madre pensava continuamente em Jesus – disse-me. – Aproveitava cada ocasião banal para demonstrar-lhe seu amor, para dizer-lhe que o amava. Repetia continuamente: "Tudo por Jesus". Cada pequeno sofrimento, cada contratempo, uma humilhação, uma derrota, eram para ela pretextos para declarar seu amor a Jesus. Não se lamentava, não perdia a paciência, não se desencorajava e repetia: "Tudo por Jesus". Às vezes recorria também a pequenos estratagemas, que poderiam parecer infantis. Mas para as pessoas apaixonadas nada é infantil, tudo serve para manifestar o próprio amor à pessoa amada. Por exemplo, observei que à mesa, quando serviam fruta, Madre Teresa pegava sempre laranja. Um dia lhe disse que provavelmente a banana poderia ser útil para ela, porque continha mais qualidades nutritivas e energéticas. Ela concordou que a banana era mais nutritiva, porém a laranja, constituída de vários gomos, lhe permitia manifestar melhor seu amor por Jesus. A cada gomo, ela repetia: "Jesus te amo". Até 1982, ela assinava as cartas que enviava às Irmãs com a palavra "Madre". Depois dessa data começou a assinar "Madre Teresa M. C.", em que as letras M. C. apostas significavam "Missionária da Caridade". Nesse período, ela era atormentada por uma artrite deformante nas mãos que lhe provocava dores horríveis, tanto que foi necessário fazer-lhe uma caneta esferográfica especial, de modo que pudesse mantê-la entre os dedos. Então, perguntaram à

Madre por que havia mudado o modo de assinar as cartas, escolhendo um nome mais longo do que simplesmente "Madre", sendo, portanto, mais doloroso para sua artrite. Ela respondeu que a palavra "Madre" era constituída de cinco letras e, para escrevê-la, se cansava e sofria pouco. Enquanto "Madre Teresa M. C." era uma assinatura constituída de treze letras, por isso mais fatigante para ela, e por isso podia dizer a Jesus, por treze vezes, que o amava.

Somente depois da sua morte, quando eu soube que por anos vivera a "noite do espírito", esses pequenos detalhes tiveram verdadeiro significado. Como tantos outros, era a maneira de reafirmar com vontade, dezenas de vezes ao dia, a fé em Deus que não sentia mais, o amor por Jesus que, dentro dela, parecia apagado. E essa vontade tenaz, fria, sólida, lhe permitiu caminhar para Deus, já que dentro de si existia a escuridão da terrível "noite do espírito". Um martírio que demonstrou como seu amor era enorme.

Capítulo 9

Coração de mãe

De Madre Teresa existem dezenas de fotografias. Ainda que fosse tímida e reservada, durante sua existência foi uma das pessoas mais amadas por todos. Sua popularidade era tão grande que, quando participava de uma manifestação pública, as máquinas dos fotógrafos voltavam-se todas para ela.

Jornais, revistas, emissoras de TV mandavam com certa frequência seus enviados a Calcutá para realizar reportagens sobre Madre Teresa. E ela jamais se esquivou dessas solicitações. Sabia que sua imagem chamava a atenção do mundo sobre os problemas aos quais tinha dedicado sua vida.

Pode-se morrer por falta de amor

As imagens dramáticas de Madre Teresa pelas ruas de Calcutá, entre os pobres, os leprosos, entre a multidão dos deserdados do submundo, nos barracos degradados, ao lado dos moribundos, foram publicadas com frequência.

Em geral, nessas imagens a Madre aparece triste, preocupada, com o rosto escavado pelas rugas e sobrecarregado pelo cansaço. Ao contrário, nas fotos em que é vista com crianças, parece outra pessoa: tem o rosto sereno e descontraído, seus olhos brilham. Intui-se que está envolta por um grande amor e comovente sentimento materno.

Porém, também com uma criança nos braços, Madre Teresa raramente sorri. E isso porque as crianças que carrega são sempre abandonadas, órfãs, doentes, sobreviventes de um extermínio, com os olhos repletos de imagens aterrorizantes. E a Madre, apertando-as contra o peito, procurava fazê-las sentir um afeto imenso, na tentativa de conter sua dor e seu medo, mas talvez sem conseguir esquecer, nem mesmo naquele momento, a triste e injusta condição em que se encontravam aqueles pequenos inocentes.

– As crianças – disse-me – são o mais belo dom que Deus pode produzir, mas as pessoas, no seu egoísmo, nem sempre o apreciam. Com frequência, as crianças são rejeitadas, abandonadas e também assassinadas. Sempre me atormento contra esses delitos. Faço tudo para chamar a atenção sobre esse problema. As crianças tiveram parte muito importante na minha vida e na minha obra. As primeiras criaturas com as quais iniciei minha nova missão, em 1948, foram justamente cinco crianças abandonadas. Viviam num casebre, na periferia de Calcutá, na região mais miserável da cidade. Eu não tinha nada, mas ia recolher comida no lixo para elas. Estávamos juntos. Eu as amava e elas eram felizes. Não existe tristeza maior no mundo do que a falta de amor. Tenho visto crianças morrerem porque ninguém queria o seu bem.

Recolhidos nas estradas

O drama da infância abandonada é um dos mais incompreensíveis. Raramente um animal abandona sua prole. Ao contrário, as pessoas o fazem. É um crime que acontece tanto nas nações ricas como nas pobres; que se verificava no passado, quando os povos eram considerados menos civilizados, e também no nosso tempo.

Os institutos religiosos sempre se distinguiram ao socorrer essas crianças. Muitas congregações de Irmãs surgiram com o objetivo específico de cuidar dos órfãos e das crianças abandonadas pelos pais. E também as Missionárias da Caridade abraçaram, nas suas múltiplas atividades caritativas, a assistência à infância abandonada.

Na Índia, o problema das crianças abandonadas é mais grave do que em outras nações. A pobreza extrema que golpeia grande parte da população desagrega os núcleos familiares. As doenças se alastram e provocam o nascimento de crianças aleijadas que são rejeitadas. Uma difusa mentalidade machista favorece o desinteresse pelos bebês do sexo feminino. É muito fácil, portanto, na Índia, encontrar meninas recém-nascidas abandonadas nas igrejas ou simplesmente colocadas no lixo.

Em Calcutá isso acontecia, sobretudo, quando Madre Teresa iniciou a sua missão em favor dos pobres entre os mais pobres, em 1948, porque a cidade estava atravessando um dos momentos mais difíceis da sua história. As crianças abandonadas eram verdadeiramente as criaturas mais pobres e indefesas da Terra.

A Madre fundou a primeira casa para acolher crianças abandonadas em 1954. Chamou-a *Shishu Bhavan*, que significa "Casa para crianças". Logo policiais e outras pessoas começaram a levar para lá recém-nascidos encontrados em qualquer lugar da cidade, e bem depressa a casa ficou pequena diante da necessidade. Teve de abrir outra *Shishu Bhavan* e depois outras.

– Sou a mãe de milhares de crianças abandonadas – disse-me. – Tenho-as recolhido nas calçadas, nas lixeiras, nos esgotos, e outras me foram trazidas por policiais, dos hospitais onde tinham sido abandonadas pelas mães. Salvei-as, cresceram e as fiz estudar.

"ALGUMAS FICAM COMIGO"

– Para muitas encontrei uma família adotiva e estão bem. Estão pelo mundo afora, na América, na Índia, na Europa. Conseguiram uma posição na vida, algumas se tornaram personalidades importantes. Sempre se recordam de mim. Seus pais adotivos continuaram a mandar-me suas fotografias para eu ver como estavam crescendo. Chegavam fotografias com as minhas crianças vestidas de *cowboy*, brincando com pistolas de brinquedo, em trenós na neve da Suíça ou em cavalos na Inglaterra; nas escolas, com seus colegas, nas faculdades, enquanto recebiam o diploma ou a graduação, em seus locais de trabalho. Em Calcutá, tenho um volumoso álbum com as fotos delas. Quando olho para elas, experimento sempre uma grande alegria, porque sinto ter amado aquelas crianças como uma verdadeira mãe, assim como Jesus me ensinou a fazer. Consegui também realizar muitas adoções na Índia. Nesse país existem problemas particulares. Por tradição, os casais jovens devem submeter-se aos pais do esposo. São eles que comandam. E quando a nora não consegue dar-lhes um neto, começam as dificuldades. Sobretudo, se são famílias ricas. "Temos terras, casas, joias", dizem os pais a seu filho, "e tu não tens filhos aos quais podemos deixar nossas riquezas". E fazem o filho abandonar a mulher e buscar outra para ter o netinho. Mas encontrei, sempre com mais frequência, jovens maridos capazes de rejeitar estas tradições. Não queriam abandonar a mulher que amavam e procuravam resolver o problema da falta de filhos com uma escolha generosa e iluminada, recorrendo por isso à adoção. Alguns não tinham coragem de colocar-se contra os pais, mas vinham igualmente pedir-me ajuda. E assim, para salvar a situação, às vezes, recorremos a algum pequeno estratagema. Esses jovens maridos diziam aos pais que a mulher estava grávida. Depois partiam com a mulher para longas férias, ao término das quais iam diretamente a uma clínica, onde encontrávamos para eles um recém-nascido abandonado. Voltavam para casa com a criança, como se fosse verdadeiramente gerada por eles, e todos ficavam contentes. Desse modo foi salva a unidade de muitas famílias, algumas também muito ricas e poderosas. Essas crianças ocupam agora lugares de grande relevância na sociedade. Infelizmente, porém, não consigo encontrar famílias adotivas para todos os meus bebês. Alguns ficam comigo. São os deficientes físicos e mentais. A natureza foi cruel com eles, mas são filhos de Deus e têm tanta necessidade de amor! São minhas crianças prediletas.

UM NOVO FLAGELO

– Uma vez, na Índia, fui chamada para recolher uma criança de oito meses que tinha sido abandonada com outros cinco irmãos. O pai fora embora do barraco, onde tentavam sobreviver de algum modo, antes de seu nascimento, e a mãe depois morreu pelas privações. O bebê e seus irmãozinhos também estavam morrendo de fome. Embora pequena, aquela criança era já insensível ao sofrimento. De fato, não sabia chorar. Da sua cama cheia de sujeira e de piolhos, olhava imóvel para o teto. Somente depois de meses de cuidados afetuosos reencontrou a voz e começou a chorar. Muitos bebês que recolho morrem poucos dias depois, porque são muito pequenos. As mães os fazem nascer prematuramente para livrar-se deles. Alguns pesam menos de um quilo, nem sequer sabem mamar. Procuramos salvá-los, nutrindo-os por sondas ou tentando dar-lhes força com soro. Lutam desesperadamente para sobreviver, mas com frequência não conseguem. Também porque são envenenados. Na verdade, as mães, para livrar-se deles antes do tempo, drogam-se, envenenando desse modo também a criança. Às vezes, nos hospitais nos dizem que é inútil recolher bebês assim pequenos, porque se sabe que não conseguirão sobreviver. Mas o fazemos assim mesmo. Queremos que nas poucas horas que ainda têm para permanecer neste mundo sintam o calor do amor e que fechem os olhos nos braços de alguém que os ama. Todo ser humano sofre quando não é amado, e uma criança, mesmo se pequeníssima, entende tudo e sofre mais do que qualquer outra criatura. Recusar-lhe o amor é como colaborar para matá-lo. Nestes anos, um flagelo abateu-se sobre a humanidade: a Aids. Alguns o chamam "a peste do ano dois mil". É pior do que a lepra. Do contágio da lepra pode-se defender com as normais precauções de higiene; do contágio da Aids dificilmente alguém se salva.

Por isso não se encontram pessoas dispostas a ocupar-se dos doentes de Aids. Esses pobrezinhos são abandonados pelos próprios familiares. Mas eles também são filhos de Deus e têm necessidade de amor. E nós, por amor a Jesus, nos dedicamos também a eles. Abrimos casas de assistência aos doentes de Aids em várias nações. Um problema particular é dos filhos dos doentes de Aids. Essas crianças já nascem contaminadas e encontram-se logo cercadas de preconceitos, de medos, são olhadas com horror, quase com ódio. A falta de amor as faz sofrer terrivelmente. Queremos ajudá-las. Essas crianças são criaturas inocentes. Por causa da doença, a vida delas será um inferno. É preciso fazer o impossível para aliviar-lhes o sofrimento, para fazê-las sentir que Deus as ama e que, por causa dos seus sofrimentos, são as prediletas do Pai celeste.

Madrinha espiritual

Aproveitando do seu grande amor pelas crianças, algumas vezes pedi à Madre enormes favores. Eu mesmo achava que me responderia de modo negativo. No entanto, sentindo que havia crianças envolvidas, fazia tudo para agradar-me.

Eu sou muito amigo do cantor Al Bano. Uma amizade que começou no início da sua carreira e que sempre permaneceu muito profunda. De fato, fui testemunha de seu casamento e ele foi padrinho de um dos meus filhos.

No Natal de 1985, Al Bano tornou-se pai pela terceira vez de uma linda menina, que chamou de Cristel. Era um período em que o cantor tinha muitíssimos compromissos e nunca encontrava tempo para organizar o Batismo da criança. Queria fazer uma grande festa em Cellino San Marco, sua terra natal. Sonhava organizar o Batismo numa capela que havia construído na sua propriedade, mas, ao mesmo tempo, sendo muito religioso, temia que a cerimônia sagrada do Batismo se transformasse numa festa mundana, com a presença de fotógrafos, jornalistas e câmeras de televisão, como havia acontecido no seu casamento e também em parte no Batismo de seus outros dois filhos.

Assim, à espera da ocasião para organizar aquela cerimônia de maneira adequada, o tempo passava. Um dia, em maio de 1986, Al Bano me confiou essas suas preocupações e me pediu para ajudá-lo a organizar uma bela cerimônia para o Batismo de Cristel, mas não em Cellino San Marco.

– Deve ser uma bela festa religiosa – disse-me. – Longe da curiosidade das pessoas. Então, não conte a ninguém. Compreendo que o público quer saber, quer ver. Vou contentá-lo encarregando um só fotógrafo de fazer as fotos, que depois serão distribuídas a todos os jornais.

– Verei o que consigo organizar –respondi.

Sabia que Al Bano e Romina Power tinham grande admiração por Madre Teresa. Pensei, então, em organizar o Batismo de Cristel em Roma e pedir à Madre para ser sua madrinha. Parecia um sonho impossível, sabendo dos inumeráveis compromissos de Madre Teresa. Entretanto, ela tinha me habituado às surpresas, por isso decidi tentar.

Falei com o bispo Hnilica, que se mostrou satisfeito. Por sua vez, falou com Madre Teresa, a qual respondeu que, sendo religiosa, não podia ser madrinha em sentido jurídico, mas que estaria na cerimônia, com prazer, como "madrinha espiritual". E assim aconteceu. O Batismo foi celebrado em Roma pelo bispo Paolo Hnilica, e Madre Teresa foi a madrinha espiritual da pequena Cristel, que durante o rito recebeu os nomes de Cristel, Maria Clara e Teresa.

Dois anos depois, em agosto de 1988, alguns amigos me falaram de uma história muito comovente. Um jovem casal de um vilarejo próximo do lago Bracciano teve quíntuplos. Como acontece com frequência nesses casos, os bebês permaneceram algum tempo na incubadora. Na prática, foram salvos pelo enorme amor dos seus pais e pelos cuidados médicos.

Quando finalmente saíram do hospital e foram levados para casa, pensou-se no Batismo.

– É preciso fazer uma grande festa – diziam os amigos do casal.

Também nessa ocasião pensei em Madre Teresa. Estava certo de que, se ela conhecesse a história, aceitaria. Como de costume, falei com o bispo Hnilica, que conversou com Madre Teresa, e ela, de fato, aceitou.

A cerimônia aconteceu na antiga igrejinha de Santa Maria di Galeria, na periferia de Roma. Cada um dos cinco pequenos gêmeos tinha um padrinho, como é previsto pela Igreja, mas os pais quiseram que Madre Teresa de Calcutá fosse "madrinha espiritual" deles. A Madre, ainda que cheia de compromissos, dedicou meio dia a esse Batismo.

À tarde, me disse:

– Ouvindo a história destas crianças, me comovi. Foram salvas pelo grande amor de seus pais e pela generosa dedicação dos médicos, que lutaram arduamente e por muito tempo pela vida destes pequenos. Tudo isso é maravilhoso, sinto-me comovida. Há cinquenta anos dedico todas as minhas energias para salvar a vida das crianças doentes e abandonadas. Sei quanta alegria se experimenta quando se consegue vencer. Por isso quis participar da festa, aceitando estar presente no Batismo e ser a madrinha espiritual deles. Rezei por eles, pedindo a Jesus para protegê-los sempre.

Capítulo 10

Aqui está Deus

– Jesus me mandou dedicar a vida aos pobres e insistiu que me interessasse pelos mais pobres, justamente pelos que não têm nada nem ninguém, os rejeitados, abandonados, os últimos.

Quando falava de sua missão, Madre Teresa realçava infalivelmente a "característica" da sua tarefa que fora confiada por Jesus. E repetia que se tratava de uma "ordem", não de um conselho, uma inspiração, uma sugestão; uma "ordem" da qual ela, inicialmente, tinha procurado escapar. Mas Jesus permaneceu irredutível: "Tu deves fazer isso".

A CASA DOS MORIBUNDOS

No âmbito da fórmula indicada por Jesus, "os mais pobres entre os pobres", a atividade de Madre Teresa e das suas Irmãs, Missionárias da Caridade, foi pouco a pouco se alargando. Isso porque os mais pobres entre os pobres não eram somente os totalmente privados dos meios de subsistência, uma vez que existem pobrezas extremas, sobretudo no nosso tempo, que abrangem também o espírito, e às vezes são as piores.

A Madre levou ao pé da letra o encargo que Jesus lhe confiara e, no início, dedicou-se às formas de pobreza mais evidentes, que se referem à humanidade marginalizada, a que ninguém considera, a que não conta mais porque para eles tudo acabou e toda ajuda acaba sendo inútil. Uma das primeiras obras realizadas por ela foi a Casa dos Moribundos: uma ideia genial, que concretiza a essência da visão cristã sobre a vida.

Calcutá, onde Madre Teresa vivia e onde havia iniciado sua missão, era a cidade mais populosa da Índia. Desde que a nação tinha conseguido a independência em 1947, foram para Calcutá milhares de refugiados que não conseguiram encontrar um alojamento e perambulavam pela cidade, sobretudo na periferia, vítimas da fome e de doenças. Todo dia dezenas desses pobres desabrigados desmaiavam por falta de energia e caíam no chão. Muitos deles não se levantavam mais e morriam nas calçadas.

Os hospitais e os institutos de assistência governamentais procuravam ajudá-los, mas conseguiam fazer pouco, por causa do grande número de casos que, além disso, estava sempre aumentando. Procuravam auxiliar a quem podia salvar-se, abandonando à própria sorte os velhos, os mais doentes, os que morreriam de qualquer modo, mesmo se fossem internados no hospital.

Esses infelizes, portanto, eram deixados à mercê do próprio mísero destino. Quando as forças não os sustentavam mais, caíam no chão, arrastavam-se até as calçadas e, ante a indiferença dos transeuntes, esperavam a morte.

No templo da deusa Kali

– Um dia – me contou Madre Teresa –, quando saía da nossa casa, deparei-me com um homem que, deitado na calçada, estava de fato morrendo. Fui pedir ajuda ao hospital mais próximo, mas recusaram-se a acolhê-lo porque disseram não ter lugar e que, de qualquer forma, aquele homem morreria. Fiquei desconcertada com a resposta. Para mim, aquele homem era filho de Deus, e não podia ser abandonado no meio da rua naquelas condições. Então fui a uma farmácia em busca de remédio, mas, quando voltei, depois de poucos minutos, já estava morto. Tinha morrido respirando o pó da rua. Uma coisa vergonhosa. Sentia-me culpada. Disse a mim mesma que precisava fazer alguma coisa. E assim me veio a ideia de fundar uma casa onde esses moribundos pudessem terminar a vida assistidos, com um rosto humano ao seu lado, uma pessoa que lhe sorrisse com ternura, para fazê-los entender que não precisavam ter medo, porque estavam indo para a casa do seu Pai. Minha ideia foi partilhada plenamente com as Irmãs. Mas era preciso encontrar um edifício onde colocar esses moribundos. Fui procurar o chefe de polícia da cidade, depois o diretor dos serviços sanitários: "Dê-me ao menos uma sala", pedia. Todos elogiavam minha iniciativa. Foram examinadas diversas soluções. Eu, infelizmente, não tinha nem reservas nem meios para resolver a situação sozinha. Por fim, pensou-se em dar-me permissão de usar, ao menos provisoriamente, a casa de repouso para os peregrinos, anexa ao templo da deusa Kali, que havia tempo estava vazia. Chamei essa casa de *Nirmal Hriday*, que significa "Coração Imaculado de Maria". Começamos a trabalhar imediatamente. Logo, porém, surgiram grandes dificuldades. A casa ficava no lugar sagrado do templo de Kalighat, que tinha grande popularidade e servia a quatrocentos sacerdotes. Alguns diziam que eu e minhas Irmãs tínhamos ido lá para converter as pessoas ao cristianismo. Começaram as polêmicas e contestações. Muitos se opuseram a nós, outros, ao contrário, nos sustentaram. Um líder político prometeu publicamente que nos expulsaria de lá, a qualquer custo. Veio para ver e recolher argumentos contra nós. Deu uma volta pelas enfermarias dos internados, observando as Irmãs no trabalho. Ficou admirado com o comportamento das missionárias. Viu que se dedicavam àqueles miseráveis com imenso amor, que limpavam as feridas daqueles corpos esgotados, que colocavam a comida na boca dos que não conseguiam comer. Quando saiu, disse às pessoas que o esperavam: "Prometi expulsar as Irmãs daqui e o farei, mas somente quando trouxerem vossas mães, vossas mulheres, vossas irmãs, vossas filhas para fazer o trabalho que elas fazem. No templo temos uma deusa de pedra, aqui temos deusas vivas". Logo depois, um sacerdote da deusa Kali contraiu tuberculose, que na Índia ainda é uma doença muito temida. Esse sacerdote encontrou acolhimento entre nós, que cuidamos dele com carinho. Todo dia algum dos seus Irmãos vinha vê-lo e ficava muito impressionado com nosso modo de tratar o sacerdote internado, comparando como eram tratados outros doentes. Pouco a pouco todos os sacerdotes da deusa Kali tornaram-se nossos amigos e defensores. As hostilidades cessaram e continuamos o trabalho tranquilamente.

AS LÁGRIMAS DE JOÃO PAULO II

– A Casa dos Moribundos é a iniciativa que mais toca meu coração – continuou a dizer-me Madre Teresa. – Tornou-se um lugar sagrado, porque nela cada dia existe um real contato entre o céu e a terra: muitas pessoas terminam sua experiência humana para unir-se ao Pai. Assistindo essas pessoas, sente-se de modo concreto a presença de Deus. Os moribundos, quando são internados, estão apavorados, desolados, desesperados, mas vendo nossos rostos calmos, serenos, voltados sobre eles com doçura e amor, escutando nossas palavras de fé e de esperança, terminam sua existência com um sorriso nos lábios. Um dia as Irmãs recolheram na rua um homem que tinha o corpo coberto de feridas cheias de vermes. Estava no fim da vida. Comecei a lavá-lo e a medicá-lo. Com os olhos semiabertos seguia cada um dos meus movimentos. Pouco a pouco apareceu no seu rosto uma grande serenidade. "Sofre?", perguntei-lhe. "Sim, muito", respondeu com um fio de voz. E acrescentou: "Mas sou feliz. Vivi sempre sem casa, como os animais. Agora, rodeado de tantos cuidados e de tanto amor, morrerei como um anjo". Em outra ocasião trouxeram uma mulher que não tinha nem mesmo aparência humana e não dava sinais de vida. Lavei-a, cuidei dela – a Madre falou docemente. – Depois a coloquei devagar na cama. Ela, então, pegou-me a mão e sorriu. Eu jamais tinha visto aparecer num rosto um sorriso tão belo. Com um fio de voz murmurou: "Obrigada", e fechou os olhos para sempre. Durante sua viagem à Índia em 1986, João Paulo II também veio visitar a Casa dos Moribundos. Permaneceu muito tempo. Quis dar comida na boca de um idoso e assistiu à morte de três pessoas. Durante todo tempo que permaneceu ali, não conseguiu dizer sequer uma palavra. Estava extremamente comovido e dos seus olhos caíam lágrimas ardentes.

DOM DE AMOR

– Quantas pessoas morreram nos seus braços na Casa dos Moribundos? – perguntei à Madre.

– Não sei. Talvez milhares – respondeu-me. – A maior parte das pessoas que acolhemos no fim da vida na rua, e que levamos para nossa Casa para tentar salvá-las, está em condições desesperadoras e não consegue recuperar-se.

– Depois de ter visto tanta gente dar o último suspiro, a senhora habituou-se à morte?

– Não é possível ficar indiferente diante da morte. Sabe-se que é o momento mais importante da existência de uma pessoa. Cada vez que alguém morre em meus braços, é como se morresse Jesus. Eu o assisto com o amor que tenho a Deus.

A Casa dos Moribundos tornou-se lugar sagrado. Madre Teresa a considerava, desde o início, sua obra mais preciosa.

– Aqui está Deus – sempre dizia, ao referir-se àquela casa.

O edifício baixo, rebocado de branco, está sempre aberto. Inclusive, não tem portas. Qualquer pessoa pode entrar e, com frequência, há rapazes e moças que se unem às Irmãs para ajudar os internados a morrer com um sorriso nos lábios. Os moribundos chegam trazidos em ambulâncias, carros, carrinhos de mão. As Irmãs os lavam, tratam, socorrem. As camas estão dispostas em três filas sob uma luz difusa.

Em um canto há uma imagem de Nossa Senhora. A Virgem tem sobre a cabeça um diadema composto de muitos anéis de ouro, pertencentes às mulheres que morreram naquele lugar, que os usavam no nariz. Foi Madre Teresa que teve a ideia de fazer aquele diadema. Depois, colocando-o na cabeça de Nossa Senhora, disse:

– As mulheres que não tiveram nada sobre a terra deram uma coroa de ouro para a Mãe de Deus.

Perto da imagem está o *Padma Shi Medal*, Ordem do Lótus, o prestigiado prêmio que, em 1962, o governo indiano concedeu a Madre Teresa.

Um dia, um senhor inglês foi visitar a *Nirmal Hriday*. Quando saiu, disse:

– Agora as vestes caras que estou vestindo me queimam a pele.

Em 1973, uma indústria química indiana doou a Madre Teresa um grande edifício novo, já projetado para conter os laboratórios centrais da empresa. Muitos pensaram que a Madre fosse transferir os moribundos para esse edifício, mas não o fez.

– Não abandonarei jamais Kalighat – disse.

Chamou o novo edifício *Prem Dan*, que significa "dom do amor", e o reservou àqueles que têm maiores possibilidades de se recuperar e sobreviver. *Prem Dan* é uma espécie de hospital, onde os necessitados são internados, também por longos períodos, e saem quando são capazes de caminhar com as próprias pernas e providenciar seu sustento.

Capítulo 11

Os filhos prediletos

Quando viajava pelo mundo, Madre Teresa levava uma rústica sacola de algodão. Era sua mala, seu *nécessaire*, em que carregava as coisas de imediata necessidade, pouquíssimas. Mas ainda que nessa mísera bolsa não tivesse nada que aparentasse ter o menor valor, a Madre a levava com grande cuidado, como se fosse uma recordação de família ou um presente de uma pessoa muito querida.

E era mesmo uma questão de afetividade a razão pela qual Madre Teresa era cuidadosa com essa pequena bolsa de algodão: fora confeccionada pelos leprosos, seus filhos prediletos.

O pano, de fato, foi tecido, com infinita dificuldade, pelas mãos mutiladas de uma pessoa atingida pela terrível doença, que ela assistia em um de seus numerosos leprosários. Foi depois cortado e costurado pelas mãos de outra pessoa, também mutilada pela lepra, que graças à Madre Teresa tinha encontrado um trabalho gratificante que lhe permitia ganhar o próprio sustento para viver.

Condenados a uma existência indigna

A lepra é uma das mais terríveis doenças. Sempre foi temida como uma das piores que podem acometer uma pessoa. Não condena à morte precoce, como o câncer ou a Aids, mas condena a uma existência indigna, marcada pela "morte social".

Quem é atingido pela lepra torna-se irremediavelmente marginalizado, afastado da sociedade, excluído pelos próprios familiares.

Antigamente, devia retirar-se, viver longe dos centros habitados, e trazer no pé uma sineta, cujo som apavorava as pessoas sadias, fazendo-as fugir. Hoje a sineta foi abolida, mas o leproso continua a ser marginalizado.

Calcula-se que existam no mundo quatro milhões de leprosos, dos quais três vivem na Índia. Em Calcutá, a cidade onde Madre Teresa quis dar início a sua missão de amor, os leprosos eram mais de meio milhão nos anos 1950.

Os leprosos são condenados por uma doença que mutila de modo assustador e progressivo seus membros, até transformá-los em monstros, rejeitados e desprezados por todos, impossibilitados de encontrar trabalho e, portanto, de ter o necessário para o próprio sustento. Afastados da convivência humana e da própria família, os leprosos sempre fazem parte do grande exército dos mais pobres entre os pobres. E desde o início da sua atividade missionária, Madre Teresa começou a cuidar deles, quase com predileção. Um dos seus *slogans* preferidos era: "Não existem leprosos, somente a lepra, que pode ser curada".

Quando me encontrava na Índia, fui diversas vezes visitar os leprosários que surgem na periferia da grande cidade ou em zonas rurais; de qualquer forma, longe dos aglomerados urbanos normais. E sempre experimentei uma terrível impressão.

Ver aquelas pessoas, jovens e idosas, homens e mulheres, crianças e jovens, todas desfiguradas pelo mal, e às vezes de modo repugnante – porque a lepra tinha atingido o rosto ou comido o nariz delas –, era angustiante, perturbador. Tinha prometido aos missionários ou às Irmãs missionárias que me acompanhavam não manifestar jamais nenhuma reação, de comportar-me como se fosse encontrar pessoas sadias, mas não sei se fui capaz. Os leprosos me sorriam, sentiam-se felizes ao ver-me, vinham cumprimentar-me, davam-me a mão, quase sempre mutilada. Eu também sorria, apertava aqueles cotos, mas creio que meu rosto estava cadavérico. A lepra causa grande impressão, suscita uma instintiva e profunda repulsa. E, no entanto, para Madre Teresa os leprosos eram seus filhos prediletos.

Rejeitados também pelas famílias

Uma escolha de altíssimo altruísmo. Somente pessoas de admirável espiritualidade, de amor apaixonado, conseguem "conviver" normalmente com esses doentes. É necessário ser heroico.

São Francisco de Assis deu a virada definitiva à própria conversão ao abraçar um leproso. Gandhi, no ápice da sua experiência de *Mahatma* ("grande alma"), dizia que os leprosos eram "os filhos prediletos de Deus". Era inevitável que também Madre Teresa, depois de ter escolhido a missão de amor total pelos pobres na Índia, se defrontasse com o dramático problema dos leprosos existente naquele país.

Esse impacto não se verificou logo no início da sua missão, mas somente quando a Madre já tinha alcançado certa experiência na sua nova atividade.

– Em 1957 – contou-me –, vieram bater na nossa casa cinco leprosos. Pertenciam a famílias da classe média burguesa. Tinham ocupado postos de trabalho consideráveis. Mas, quando a doença foi descoberta, passaram a ser rejeitados e ninguém mais queria vê-los. Nem sequer podiam voltar para a casa da família. Para sobreviver, foram obrigados a mendigar. Pediram-nos ajuda e nós os acolhemos. Por sorte, naquele período tínhamos nos tornado amigas de um médico, o doutor Senn, que de vez em quando nos dava "uma mão" para tratar os pobres. Sua ajuda foi preciosa e providencial. Ensinou a mim e a minhas Irmãs sobre o tratamento da lepra. E assim, quase por acaso (mas nada acontece por acaso, quando se trabalha no campo do Senhor), começou nossa obra para esses doentes.

Em 1957, Madre Teresa possuía nove anos de experiência em sua missão. A congregação que havia fundado já tinha sido reconhecida pela Igreja, tinha uma regra, uma estrutura e casas. Nesses nove anos de atividade, ajudando a pobre gente nas favelas e socorrendo os moribundos pelas ruas de Calcutá, a Madre teve oportunidade de se aproximar, de vez em quando, também dos leprosos.

Tinha escutado suas histórias, conhecido suas condições de vida e refletido sobre seus problemas. Certamente, havia "sentido" no fundo do seu coração que aqueles doentes deveriam tornar-se seus filhos prediletos. Mas, sendo mulher extremamente prática e verdadeira, também tinha tomado consciência de que, para amá-los realmente, para chegar a dar uma ajuda válida, era preciso ter uma preparação adequada. E havia muito tempo estava conscientemente se preparando para esse particular setor da sua atividade criativa.

Tinha ido verificar como outros institutos religiosos e instituições assistenciais atuavam com os leprosos. Quis saber "o que" faziam "como" faziam e "que" resultados tinham conseguido. Havia refletido, avaliado, aconselhado-se, e depois formulou seus planos.

"Estou tocando no corpo de Cristo"

A ideia básica era sempre a mesma: surgia das suas convicções de fé. Aqueles doentes de lepra, para ela, eram filhos de Deus como todos os outros seres humanos. Jesus morreu na cruz também para eles. Pelo fato de serem marcados por um sofrimento assim pesado e por condições de vida tão horríveis, eles participavam do mistério da Paixão redentora de Jesus, que continua no Corpo Místico de Cristo, mais do que tantos outros cristãos.

– Sei que quando toco os membros de um leproso que emana mau cheiro de todas as partes, estou tocando o corpo de Cristo, assim como, quando recebo a comunhão, toco o corpo de Cristo que está realmente presente sob as espécies do pão na Eucaristia – afirmava.

Portanto, na sua visão espiritual do mundo, para Madre Teresa os leprosos eram pessoas muito preciosas. Como filhos de Deus e como seres humanos, tinham direito à dignidade, ao respeito, às civis condições de existência, à possibilidade de ter um trabalho, uma família e relações sociais. Todas essas coisas que a sociedade negava para eles, marginalizando-os e fechando-os dentro de guetos imundos. E Madre Teresa iniciou sua obra entre os leprosos com uma iniciativa de vanguarda.

Em Calcutá existiam diversos leprosários onde, porém, se podia assistir e cuidar somente de uma mínima parte das pessoas atingidas pelo mal. A maior parte delas ficava nas próprias casas, tentando manter sua doença escondida de todos. Aquilo era, para Madre Teresa, o ponto mais delicado do problema. Essas pessoas tornavam-se uma perigosa e dissimulada fonte de contágio e impediam que se chegasse a ter um controle sanitário do mal.

A Madre decidiu que era preciso ir à procura dos leprosos "anônimos", que estavam escondidos, e convencê-los a tratarem-se.

Sabia que, perto de Madras, um médico belga, o doutor Hemeryckx, tinha encontrado um método para tratar da lepra em domicílio em larga escala. Servindo-se de ambulatórios móveis, adequadamente equipados, tratava dos leprosos nas suas casas, conseguindo alcançar, desse modo, um número muito considerável de doentes "clandestinos". Era um método concreto e eficaz, e Madre Teresa decidiu aplicá-lo também em Calcutá.

Falou com alguns médicos da administração pública, conseguindo convencê-los a colaborar com ela e suas Irmãs. Os ambulatórios móveis tornaram-se, assim, uma especialidade das Missionárias da Caridade.

Os primeiros foram abençoados pelo arcebispo Perier de Calcutá, que, com sua adesão, atraiu o interesse e a atenção dos meios de comunicação sobre a iniciativa de Madre Teresa. Os jornais publicaram o evento, evidenciando-lhe a modernidade, a eficácia, de modo que o trabalho tornou-se logo frenético. Com esse método as Irmãs levaram ajuda a dezenas de milhares de doentes, chegando a curar muitos.

Batalhas contínuas

A Madre não queria descuidar das outras formas de assistência aos leprosos. Nem mesmo aquelas tradicionais dos leprosários propriamente ditos. Assim, serviu-se amplamente deles, sobretudo para internar os doentes mais graves, de modo que pudessem ter uma assistência adequada.

Um dia Madre Teresa soube que as autoridades governamentais tinham decidido desapropriar um terreno na periferia de Calcutá para construir uma nova zona residencial. Naquela região existia um dos seus leprosários e as autoridades lhe impuseram fechá-lo e ir embora, porque as pessoas jamais iriam habitar perto de um leprosário, num local considerado infectado pelo mais temido dos males.

A Madre ficou indignada. Pensava nos seus leprosos perguntando-se o que iriam fazer. Percebeu que seria inútil qualquer resistência. Diante dos interesses econômicos, os governos nunca desistem. Defender aquele leprosário seria perder a batalha no início. Mas ela decide aproveitar a ocasião para sensibilizar a opinião pública.

Apresentou-se ao ministro da Saúde, depois, naturalmente, de ter informado os jornais da sua iniciativa, para que apoiassem a causa dos seus assistidos. Sendo em Calcutá uma personagem já muito popular, a imprensa se mobilizou do seu lado, exaltando sua atividade humanitária. Ao mesmo tempo, a Madre lançou uma campanha para recolher fundos visando fundar um novo leprosário. Chamou essa campanha de "Leprosy Collection Day". Enviou suas Irmãs e seus amigos leigos para percorrerem a cidade com recipientes nos quais estava escrito: "Toca o leproso com a tua bondade".

A resposta das pessoas foi magnífica. O dinheiro chegou de todas as partes. O governo, diante de tanto interesse da opinião pública e de tanta simpatia que Madre Teresa suscitava, não pôde fugir. Ofereceu a Madre, oficialmente, um amplo terreno onde podia acolher os leprosos expulsos da zona residencial. E assim ela conseguiu para seus filhos prediletos um alojamento melhor do que aquele que tinham antes.

Em 1958, ela abriu um importante centro para os doentes de lepra em Titagarh, quarteirão industrial na periferia de Calcutá. Havia muito tempo aquele lugar tinha se tornado refúgio de muitos leprosos. Era um aglomerado de casebres, numa zona pantanosa, que abrigava em condições de absoluta e inimaginável degradação uma multidão de doentes. Com a lepra também existiam miséria e crime. Ninguém, nem mesmo a polícia, se arriscava a aventurar-se naquela zona, onde a violência era a lei e, com frequência, cometiam-se crimes também atrozes.

Madre Teresa começou a visitar aquele gueto. Deu-se conta das dramáticas condições daquela pobre gente. A doença alastrava-se até entre os recém-nascidos. Com sua surpreendente e rápida decisão, estabeleceu que se deveria limpar a zona e iniciar logo uma assistência adequada. Visto que as dificuldades eram extremas, constituídas pelo ambiente físico insalubre e pela periculosidade daquele submundo, confiou a missão aos Missionários da Caridade, o ramo masculino da sua congregação, fundado havia pouco tempo.

Como sempre, o início foi difícil. Recordando o grande amor que Gandhi tinha por esses doentes, Madre Teresa quis que o centro se chamasse *Gandhiji's Prem Niwas*, que significa "Dom de amor de Gandhi". A zona foi desinfetada, foram construídos novos alojamentos, estradas, um centro de reabilitação, um hospital, casas de comércio e bar.

O MATAGAL TRANSFORMA-SE NUM OÁSIS VERDE

Mas a sua obra-prima a favor dos leprosos é *Shantinagar*, "Lugar da paz", uma aldeia autossuficiente onde os leprosos vivem como cidadãos livres, sem medo de ser expulsos pela polícia, sem a humilhação de ser marginalizados.

O povoado encontra-se a trezentos quilômetros de Calcutá, próximo dos confins do estado de Bihar. A zona antes era uma selva inabitada. Em 1961, o governador de Bengala, Bidhan Chandra Roy, um importante político indiano, comunista, mas grande admirador de Madre Teresa, quis oferecer à pequena Irmã e sua congregação quinze hectares daquela selva. E Madre Teresa, tendo constatado que aquela zona era rica de água, começou a cultivá-la e em poucos anos a transformou num canto do paraíso.

Sonhava construir naquele lugar uma cidadela para os leprosos e conseguiu magnificamente. A selva é hoje um oásis verde, com avenidas arborizadas e canteiros floridos. Existe ainda um lago rico em peixes que fornecem proteína aos habitantes. Pouco a pouco surgiram vários edifícios: o centro de reabilitação, o hospital, a creche, as escolas e muitas outras pequenas casas de tijolos, com um estilo sóbrio sintonizado com a natureza.

O vilarejo é dirigido por uma Irmã de Madre Teresa. Os leprosos vivem nas pequenas casas, e cada uma abriga um núcleo familiar. Trabalham nas lojas, nos campos, na criação de porcos e galinhas. Somente os doentes mais graves são internados no hospital. As crianças usufruem da creche, da escola, estão constantemente sob controle médico, de modo a detectar desde o início o possível contágio para combatê-lo imediatamente.

A aldeia é praticamente autônoma. Nos campos cultivam arroz, frutas e verduras para a alimentação. Os leprosos também aprenderam a cozer os tijolos para construir as casas. Nada se perde, e tudo é reciclado. Com um sistema particular, o esterco das galinhas é transformado num gás inodoro e incolor que serve para cozinhar. No vilarejo, junto com os leprosos, vivem também muitas pessoas sadias, a maioria voluntárias que, com sua presença e normal convivência com os doentes, eliminam toda forma de marginalização, restituindo aos leprosos a dignidade de seres humanos a que têm direito.

Um dia a Madre, fazendo uma comparação entre os males da Índia e os dos ricos países ocidentais, me disse:

– Os leprosos podem ser desfigurados, mas, como os pobres, são pessoas maravilhosas, capazes de muito amor. A lepra é, sem dúvida, um mal terrível de suportar, mas não é tanto quanto sentir-se privados de amor, indesejados ou abandonados. A extrema solidão que encontrei em certas pessoas nos países ricos é pior do que a lepra. Há algum tempo, em Nova York, um homem muito rico veio a nossa casa. Disse-me: "Por favor, venham ao meu encontro. Sou meio cego, minha mulher está ficando louca, os nossos filhos estão pelo mundo e não se lembram mais de nós. Eu e minha mulher estamos morrendo de solidão. Temos grande desejo de sentir ao redor de nós o som de uma voz humana". Aquele homem vivia numa bela casa e tinha muito dinheiro, mas era mais infeliz do que um pobre leproso da Índia.

Capítulo 12

A medalha milagrosa

Madre Teresa era apaixonada por Jesus, mas também pela mãe de Jesus, a Virgem Maria. No seu físico, isto é, no seu corpo, Jesus veio a nós através de Nossa Senhora, verdadeira mãe de Deus. Jesus e sua Mãe não podem ser separados.

Madre Teresa era mulher verdadeira e prática. Tinha sempre presente os conceitos essenciais da fé, e colhia as consequências disso. Sua devoção e seu "entendimento" sobre Nossa Senhora, Mãe de Jesus e mulher "assunta ao céu em corpo e alma", eram diretamente proporcionais a sua fé e a seu amor por Jesus, isto é, fortíssimos.

Oração e sinais

Um dia ela me disse:

– Eu agradeço sempre a minha mãe terrena e depois a minha mãe verdadeira, Nossa Senhora. Quando era criança e vivia na Albânia, ia passear com a mamãe e ela me dizia: "Menina minha, deixe-se sempre guiar por Nossa Senhora, que é sua verdadeira mãe. Procure sempre que ela lhe segure a mão, como eu faço agora". Desde então aprendi que minha verdadeira mãe é Nossa Senhora. Ao longo da minha vida jamais esqueci esta verdade. E agi de acordo. Sempre me deixei guiar pela Mãe Celeste. E antes de tomar qualquer decisão, sempre me dirigi a ela, que tem me guiado.

Na vida espiritual, nos relacionamentos com Deus, Madre Teresa visava sempre a conclusões práticas. Sua fé jamais estava desligada da realidade da vida. Se tinha necessidades materiais, problemas, rezava intensamente para obter de Deus tais ajuda. Seu raciocínio sobre a "paternidade" de Deus e a "maternidade" de Nossa Senhora era elementar: "Deus é pai", dizia. "Portanto, me quer bem e me ajuda." "Nossa Senhora é mãe, portanto, me compreende, conhece estes problemas e sabe quanto é belo receber uma ajuda. Rezo porque estou certa de que me ajudará."

Suas orações eram feitas por meio desse espírito prático, em que a certeza de ser ouvida era expressão de um amor total.

Madre Teresa cultivava aberta e calorosamente também os "sinais", os "símbolos materiais" que ajudam a manter-nos em contato com pessoas queridas. Guardava as fotografias das crianças que tinha salvado e que depois foram adotadas. Permanecia ligada ao "seu" rosário, aquele que cada dia e várias vezes durante o dia tinha entre as mãos nas longas "conversações" com Nossa Senhora. Amava visitar os santuários e tinha uma devoção enorme pela "medalha milagrosa", uma medalha particular que representa naturalmente Nossa Senhora, cuja origem remonta o ano de 1832.

"JESUS NÃO ESTÁ BEM SOZINHO"

Uma tarde, no final de um encontro em Roma, despedia-me de Madre Teresa porque no dia seguinte eu retornaria a Milão. Enquanto me falava, ela deu-se conta de que eu levava no pescoço uma correntinha de ouro.

– O que leva nessa correntinha? – perguntou.

– Jesus – disse, tirando de sob a camisa a parte que não se via, que era um belo crucifixo. Estava certo de que isso lhe causaria prazer. De fato, a Madre sorriu-me contente. Mas logo disse:

– Jesus não está bem sozinho. Tem prazer de estar na companhia de sua mãe. Maria, quando ele estava na cruz, permaneceu ali, ao pé da cruz. Devem estar sempre juntos a nosso lado.

E, enquanto dizia estas palavras, tirou do bolso do sári uma medalha de Nossa Senhora. Mostrou-me e disse:

– Esta é a medalha milagrosa que Santa Catarina de Labouré cunhou a pedido explícito da própria Mãe de Deus.

Fechou-a entre suas mãos unidas e se recolheu em oração; depois, a apalpou com os dedos sinuosos pela artrite, conseguiu abrir o anelzinho que a medalha tinha na extremidade superior e a colocou na minha correntinha.

– Pronto – disse satisfeita. – Agora mãe e filho estão juntos e o protegerão muito!

– Muito obrigado, é um presente maravilhoso! – eu disse. E queria acrescentar qualquer outra coisa, mas ela me interrompeu, pedindo:

– Quantos são na sua família.

– Minha esposa, dois filhos e minha sogra – disse.

– Como se chamam?

Eu disse os nomes e ela vasculhou de novo os bolsos do sári, tirando mais quatro medalhas. Apertou-as entre as mãos, recolhendo-se em oração, e depois me ofereceu, pronunciando para cada uma o nome da pessoa a quem se destinava.

Agradeci também em nome dos meus familiares, saudei-a e tomei o táxi para o aeroporto.

UMA HISTÓRIA MARAVILHOSA

Estava feliz com o presente. Sabia que a Madre tinha uma grande devoção por aquela medalha, ligada à história de uma humilde Irmã francesa das Filhas da Caridade, proclamada santa pelo Papa Pio XII em 1947.

Catarina Labouré, nascida em 1806, aos 24 anos entrou na congregação das Filhas da Caridade fundada por São Vicente de Paulo. Enquanto era noviça, em Paris, teve três visões de Nossa Senhora. A primeira, na noite de 19 de julho de 1830. Como ela mesma contou, foi acordada pelo seu anjo da guarda que lhe disse para ir à capela do convento onde era esperada por Nossa Senhora. Foi e viu uma senhora majestosa, sentada numa poltrona próxima ao altar.

A segunda aparição aconteceu no dia 27 de novembro daquele ano. A Virgem aparecia a Irmã Catarina sempre na igreja. Estava em pé, vestindo um hábito branco de seda, um véu também branco sobre a cabeça e um manto azul prateado. Os pés apoiavam-se num globo metade iluminado e esmagavam uma serpente esverdeada, com manchas amarelas. Os braços estendidos desprendiam raios reluzentes das mãos. Nossa Senhora encarregou Catarina de mandar imprimir a medalha dessa aparição e de difundi-la.

A noviça confiou as duas aparições ao padre confessor, que não lhe deu crédito. Algumas semanas depois, Nossa Senhora apareceu pela terceira vez a Catarina e a censurou porque ainda não tinha feito a medalha. Catarina falou de novo com seu confessor, que dessa vez remeteu ao bispo, e o desejo de Nossa Senhora foi satisfeito.

Em 1832, a medalha começou a ser distribuída. Logo foi chamada de "medalha milagrosa", porque por meio dela se verificaram numerosos prodígios e curas milagrosas. A partir de então foram distribuídas milhões de cópias. René Laurentin escreveu que "é a mais difundida de todos os tempos, em todas as partes do mundo, num total de bilhões de cópias".

Um vínculo com a Madre

Madre Teresa era uma grande distribuidora dessa medalha. Não sei qual era a razão. Mas levava sempre consigo muitos exemplares e a oferecia a todos. Com frequência, depois de ter falado com uma pessoa, dava-lhe de presente a "medalha milagrosa". Pegava um exemplar entre as mãos unidas, recolhia-se em oração e depois oferecia o pequeno objeto.

Eram presentes extraordinários. Quem conhecia a Madre sabia que tinha recebido um bem precioso, não só porque se tratava de uma medalhinha "personalizada", uma vez que Madre Teresa a tivera entre suas mãos e rezara por quem iria receber o presente, mas também porque esse gesto, essa predileção, era um ato de amor e produzia uma espécie de vínculo afetivo. A Madre "ligava-se", por assim dizer, ao presentado, considerando-o um dos seus, um filho espiritual, um colaborador.

Foram milhares e milhares de pessoas em todo o mundo que receberam a "medalha milagrosa" das mãos de Madre Teresa. Agora que ela morreu e vive no paraíso, sabem que são protegidas. Entre elas e Madre Teresa existe aquele objeto que estabelece um vínculo. Ela as deu de presente, rezando para a Virgem protegê-las. Agora ela continua a rezar, e com mais eficácia.

Quando me foi oferecida por Madre Teresa, considerei a medalha um belíssimo presente, justamente porque ofertado por ela, mas nada mais. Sempre fui um pouco "refratário" às excessivas devoções exteriores e aos apegos, às vezes um pouco obsessivos, a objetos, imagens, relíquias e coisas do gênero. Sempre respeitei esse tipo de devoções "populares", porém sem apreciá-las. Admiro-as nos humildes, simples, porque revelam uma atitude religiosa pura, mas incomoda-me nos fanáticos.

Em relação à Madre Teresa, eu tinha-lhe uma veneração muito grande, a considerava uma santa, e cada gesto seu se tornava para mim fonte de reflexão. Perguntava-me, porém, como ela, sendo uma mulher culta, tinha esse apego por uma medalha, um objeto. Muitas vezes me propus a perguntar-lhe, mas jamais o fiz.

Porém, sempre levei no pescoço a medalha que me havia oferecido. É feita de material pobre. Eu sabia que a Madre jamais iria distribuir medalhas preciosas nem colares de ouro. Amava as coisas pobres. Eu, porém, considerando aquela medalha um presente precioso e temendo que, com o passar do tempo, se desgastasse, coloquei-a numa redoma dourada.

O atentado ao Papa

Nos anos sucessivos, recolhi significativos episódios ligados à "medalha milagrosa" e à devoção de Madre Teresa por ela.

Soube que a Madre comprava quilos dessas medalhas e as fazia chegar, de modo clandestino, por grupos de crentes aos países sob o regime comunista ateu, que, por sua vez, sempre a distribuíam de forma clandestina.

O Bispo Hnilica contou-me um episódio muito belo. Como é conhecido, no dia 13 de maio de 1981 ocorreu o famoso atentado ao Papa na praça São Pedro. Enquanto passava entre a multidão no seu carro descoberto, João Paulo II foi atingido por alguns tiros de revólver disparados por Ali Agca. Levado ao hospital, sofreu uma intervenção cirúrgica de cinco horas e foi salvo por milagre.

Naquele dia comemoravam-se os 64 anos da aparição de Nossa Senhora de Fátima.

Durante a convalescença no hospital, o Papa começou a interessar-se por Fátima. Quis conhecer o texto do famoso "terceiro segredo", que ainda não tinha sido revelado, e se reconheceu na história ali referida. O médico que o havia operado tinha explicado que encontrara dentro do seu abdome ferido um fato inexplicável. A bala tinha feito um percurso em zigue-zague, evitando os órgãos vitais. O Papa entendeu que fora salvo por uma intervenção direta da Virgem Maria e afirmou em público, muitas vezes: "Uma mão disparou e outra guiou a bala".

Por isso, iniciou sua "missão" particular, ligada à mensagem. Na aparição de 1917 em Fátima, Nossa Senhora havia predito que na Rússia surgiria um movimento comunista ateu e que aconteceria uma Segunda Guerra Mundial. E tinha pedido que o Papa, em união com todos os bispos do mundo, consagrasse a Rússia ao seu Coração Imaculado para impedir que essa nação difundisse seus erros pelo mundo.

Mas por várias razões essa consagração, assim como pedira Nossa Senhora, jamais foi feita.

As previsões da Virgem realizaram-se quase ao pé da letra. Aconteceu a Segunda Guerra Mundial e o comunismo ateu nascido na Rússia difundiu-se em muitas outras nações do mundo. Enfim, também o atentado ao Papa, descrito na terceira parte do segredo.

João Paulo II, vítima daquele atentado, finalmente decidiu cumprir o pedido de Nossa Senhora, que foi realizado no dia 25 de março de 1984, festa da Anunciação a Maria Santíssima.

Para preparar esse evento, enviou uma carta a todos os bispos da Terra, convidando-os a colocarem-se em união espiritual com ele naquela data.

Um projeto temerário

– Quando Madre Teresa soube desse evento – contou-me o Bispo Hnilica –, ela se inspirou. Uma de suas ideias incríveis. Disse-me que precisava ir à Rússia e levar uma "medalha milagrosa" ao interior do Kremlin, como se quisesse consagrar à Nossa Senhora, com aquele gesto, a capital do ateísmo. E me perguntou se eu gostaria de realizar esse projeto. Respondi que, na verdade, eu era a pessoa menos indicada para fazer uma coisa desse tipo, porque, nos países do Leste, era considerado inimigo número um do comunismo; e na Checoslováquia, por causa da minha atividade anticomunista, tinha sido condenado à morte. Era impossível para mim entrar na União Soviética, mas, se ela me assistisse com sua oração, estava pronto a embarcar nesse empreendimento. Madre Teresa começou a organizar a viagem. Ela fez tudo. Tinha bons contatos com o cônsul russo em Calcutá. Não sei o que disse a ele, mas conseguiu o visto para eu entrar na União Soviética. Organizou a viagem de modo que eu chegasse a Moscou no dia 25 de março daquele ano, festa da Anunciação, quando o Papa iria consagrar a Rússia ao Imaculado Coração de Maria. E queria que, no momento em que o Papa, em Roma, recitasse a oração da consagração, eu fosse ao interior do Kremlin, rezasse espiritualmente unido ao Papa e depositasse ali uma das famosas "medalhas milagrosas". Não sei se Madre Teresa tinha confiado este seu projeto a João Paulo II. Mas entre eles existia tal confiança, tal sintonia, que acredito que o tenha feito. De qualquer forma, entregando-me a medalha que deveria levar ao interior do Kremlin, disse-me que tinha sido abençoada pelo Papa.

Na metade de fevereiro, parti de Roma para Calcutá. Um fiel colaborador me acompanhava. Madre Teresa quis preparar a expedição com muitas orações. Por um mês, eu e ela rezamos juntos, a fim de que tudo pudesse realizar-se segundo nossas intenções. A Madre também pedia para suas Irmãs rezarem por "uma intenção particular". Além de Madre Teresa e eu, ninguém mais sabia o que pretendíamos fazer. Como disse, a Madre, através do cônsul russo, tinha preparado o visto de ingresso à União Soviética e os bilhetes para a viagem de avião. Eu e meu colaborador éramos dois turistas que de Calcutá iríamos a Roma, via Moscou, e ficaríamos três dias em Moscou para visitar os museus da cidade. No dia 23 de março, Madre Teresa nos acompanhou ao aeroporto de Calcutá. Quando a saudei, estava comovida. Apertou-me as mãos com afeto e quis me dar seu rosário pessoal. A viagem foi tranquila. Chegamos a Moscou às quatro horas da manhã do dia 24 de março. O funcionário da alfândega teve dúvida sobre minha verdadeira identidade. Quando lhe apresentei o passaporte, começou a fazer-me muitas perguntas. Eu fingia não entender. O meu passaporte, falso, naturalmente, era italiano, e por isso não queria dar a entender que conhecia o russo. O soldado insistia com perguntas em russo e eu respondia em italiano, dizendo que não entendia nada, mas ele tinha dúvidas. Começou, então, a fazer uma série de telefonemas. Mas eram cinco da manhã e ninguém respondia. Eu esperava fora do seu escritório, com uma temperatura quinze graus abaixo de zero. Comecei a preocupar-me, e então tirei do bolso o rosário de Madre Teresa e comecei a rezar. Sentia-me já na Sibéria. Mas tinha muita confiança nas orações de Madre Teresa. E dizia também: "Senhor, seja feita a tua vontade". Depois, o soldado voltou, ainda perguntando por gestos se o passaporte era meu. Eu dizia que sim com a cabeça. Por fim, carimbou o passaporte e me mandou embora. Eu e meu colaborador fomos para um hotel e começamos a visitar a cidade, com muita discrição, cada um por conta própria. Informamo-nos sobre como entrar no Kremlin. E, por acaso, naqueles dias estava aberto aos turistas. O Kremlin é uma cidadela, circundada de muros, no interior da cidade de Moscou. Uma espécie de fortaleza que se estende numa superfície de vinte e oito hectares. Antigamente era o coração civil e religioso da cidade. Ali existiam os palácios imperiais e uma das igrejas mais importantes de Moscou, entre as quais a catedral dos Patriarcas ortodoxos, chamada também igreja da "Dormição de Maria". Depois da Revolução bolchevique de 1917, essas igrejas foram fechadas ao culto e transformadas em museus. Meu projeto, acordado com Madre Teresa, era este: no dia 25 de março, pela manhã, quando o Papa iniciasse em Roma a cerimônia da consagração da Rússia, eu iria, como turista, visitar o Kremlin e entraria na catedral dos Patriarcas. Fingindo estar interessado nos preciosos tesouros da arte ali existentes, permaneceria em oração e procuraria colocar, num canto escondido, a medalha milagrosa que Madre Teresa tinha entregado a mim.

A MEDALHA NO CORAÇÃO DO KREMLIN

– Naquela manhã eu estava com um medo tremendo. Por sorte eram muitos os turistas que visitavam o Kremlin e, no meio de tanta gente, sentia-me um pouco protegido. Percorri alguns palácios e fui à igreja do Arcanjo São Miguel; depois, entrei na catedral dos Patriarcas. Visitei-a atentamente para ver onde poderia colocar a medalha. Mesmo transformada num museu, a igreja estava conservada como antes e se mantinha muito bem. Notei, seguindo a descrição de um guia, que ainda existiam os tronos onde, durante as cerimônias religiosas, se sentavam o czar, a czarina e o patriarca; o do patriarca estava no centro. Decidi que colocaria a "medalha milagrosa" debaixo daquele trono, rezando a fim de que o patriarca de Moscou voltasse logo a celebrar ali os ritos religiosos. Aproveitando um momento no qual permaneci sozinho naquela igreja-museu, concentrei-me e celebrei a Missa em segredo. Isto é, fiz a consagração, servindo-me de uma migalha de pão e de uma gota de vinho que tinha levado comigo. Foram segundos de intensa comoção religiosa. Fazia 76 anos que não se celebrava uma Missa naquele lugar. Depois, devagar, me aproximei do trono dos patriarcas, notei uma pequena fenda no assoalho de madeira e coloquei dentro dela a medalha milagrosa. Permaneci ainda um pouco, rezando, e depois voltei para o hotel onde meu acompanhante me esperava. À tarde voltamos para a Itália.

Magnífica aventura, digna de personagens incríveis como Madre Teresa e o Bispo Hnilica. Talvez agora na Rússia não exista mais o silêncio sobre a religião, mas se alguém fosse verificar debaixo do trono do patriarca, ainda poderia encontrar a medalha que certamente protegeu a catedral e também guiou os acontecimentos da queda do grande império comunista ateu.

A AVENTURA DE REMO GESSI

Alguns meses depois da morte de Madre Teresa, em Trieste, conheci um colega jornalista, Remo Gessi, o qual me contou outra história extraordinária, ligada a uma medalha milagrosa que tinha recebido da Madre.

Atleta, culto, gentil, especialista em problemas econômicos, Remo Gessi pertence a uma ilustre família. O seu bisavô, Romolo Gessi, era célebre explorador que nos anos de 1800 foi amigo e colaborador do legendário Gordon Pascia, o qual tinha no Sudão empresas históricas e cujo avô, Felice, também era explorador.

Remo tem um filho chamado Romolo, como o bisavô, que é regente de orquestra, enquanto as filhas, Paola e Federica, depois de formadas e casadas, tiveram também notoriedade na televisão.

– Conheci Madre Teresa em 1988 – contou-me Gessi. – Eram dias muito difíceis para mim. Estava numa situação dramática: os médicos tinham me dado poucos meses de vida. Estava doente havia cinco anos. Tudo começou no verão de 1983. Percebi que tinha uma verruga no braço esquerdo, a cinco centímetros da axila. Não gostei. Fui ao médico em Trieste, que me disse que se tratava de um sinal melanótico. "Uma coisa de nada", disse. Porém, era prudente fazer exames mais aprofundados para verificar se era melanoma benigno ou maligno. Fui submetido a investigações clínicas em Trieste, onde o diagnóstico não foi claro. Disseram-me que tinha cinquenta por cento de probabilidade de ser um melanoma maligno. Então, fui ao melhor especialista italiano na área, o professor Natale Cascinelli, do Centro de Tumores de Milão, o qual assegurou ser mesmo um melanoma cem por cento maligno e me operou no dia três de dezembro daquele ano. O êxito parecia certo, tanto que o professor Cascinelli não me prescreveu nenhum tratamento. Disse que se tratava de um câncer no primeiro estágio e que a intervenção feita sem demora tinha afastado qualquer complicação. Contrariamente, quatro anos depois, o mal retornou. Durante esse tempo eu não tinha tomado nenhuma precaução. Havia continuado a andar de barco, nadar, tomar sol, como sempre fizera. Em 1987, comecei a sentir coceira no braço e notei também um inchaço. Fui logo para Milão e o professor Cascinelli me submeteu a nova cirurgia. Disse que se tratava de uma recidiva, com metástase. Isso me assustou. E o professor também não ficou muito tranquilo. De fato, três meses depois estava em apuros. Formaram-se outras metástases e fui internado. Mas inutilmente. As metástases apareceram no pescoço, nas costas, no peito, no abdome. Sofri ainda mais uma cirurgia, que não serviu para nada. Naquele momento não existiam mais esperanças. Cascinelli aconselhou-me a ir para os Estados Unidos, consultar-me com um ilustre especialista no setor, o professor Baltch. E foi nesse momento que me encontrei com Madre Teresa. Mesmo muito doente, eu continuava trabalhando. Viajava muito. Um dia, tomando o avião em Ronchi dei Legionari para Roma, encontrei Madre Teresa. Estivera em Udine, num congresso, e na viagem de retorno sentei-me ao seu lado.

"Esperamos que Nossa Senhora lhe faça o milagre"

– Antes que o avião decolasse, era um contínuo vaivém de gente que queria saudá-la, apertar-lhe a mão, que lhe recomendava algum doente. Eu não podia deixar de escutar, mas não pensei sequer por um momento dirigir-me a ela para falar da minha doença. Quando o avião decolou e fiquei sozinho a seu lado, começamos a conversar, em inglês. Falávamos do congresso que acontecera em Udine. Porém, ela percebeu no meu ânimo que tinha graves preocupações. Olhando-me nos olhos, disse: "O que está acontecendo?". E então lhe confiei meu problema. Quis que lhe contasse toda a minha a história. Falei do mal, das cirurgias sofridas, da viagem que deveria fazer a Houston. Escutava com grande atenção. No final me disse que "deveria ter confiança", "que deveria reagir": as coisas habituais que nos dizem em semelhantes circunstâncias. Depois, como num impulso de repentina inspiração, voltou-se para a Irmã sentada a seu lado e pediu-lhe algo. A Irmã lhe deu uma medalha. A Madre tomou-a nas mãos, fechou os olhos e ficou quase um minuto recolhida em oração. A seguir me deu a medalha, dizendo-me: "Coloque-a no pescoço e não a tire jamais. Esperamos que Nossa Senhora lhe faça o milagre". Usou mesmo esta palavra: "milagre". Refletindo, em seguida, pensei que ela tivesse perfeitamente intuído a gravidade do meu mal. De fato, para os médicos, talvez, depois de três cirurgias, não se poderia fazer mais nada. O meu corpo estava cheio de metástases. Cortavam uma parte e o mal explodia em outra. É estranho que ela tenha dito: "Esperamos que Nossa Senhora lhe faça o milagre". Porém, é certo que somente um milagre poderia salvar-me. Chegando a Roma, despedi-me de Madre Teresa, mas percebi que aquele contato tinha "inesperadamente" mudado minha vida. Voltando para casa, coloquei logo no pescoço a medalhinha que a Irmã tinha me dado. E a coloquei com muita fé. Uma fé que ela tinha me infundido. Não era mais o mesmo de antes. Minha esposa Nadilla também logo se deu conta disso. Não estava mais desesperado. Tinha reencontrado forças para lutar. E também uma estranha serenidade. Não pensava mais na morte, mas sentia somente um grande desejo de viver bem e serenamente. Não tinha importância quanto tempo.

"SOU SEMPRE SADIO E FELIZ"

– Decidi fazer tudo aquilo que os médicos tinham me aconselhado, mas o fazia com o mais absoluto desapego, como se estivesse sadio. Fui a Houston e consultei o professor Baltch, que me receitou medicamentos. Fiz um passeio de um mês pelos Estados Unidos com minha esposa, porque sentia prazer de passar férias com ela. Voltando à Itália, fiz os tratamentos prescritos, porém continuava vivendo como uma pessoa "saudável", isto é, sem a mínima precaução. E aconteceu o impensável. O mal foi bloqueado. As várias metástases desapareceram. Tinha grandes bolhas em todo o corpo que pouco a pouco se esvaziaram, tornando-se quase invisíveis. E não surgiram outras novas. Não foram necessárias outras cirurgias. Cada seis meses me apresentava aos médicos para visitas de controle, e eles me olhavam surpresos. Tudo tinha mudado, o mal regredia, não dava mais preocupações. Foi Madre Teresa? Foram os medicamentos prescritos pelo professor Baltch? Difícil dizer. No entanto, sei que em outras pessoas nas minhas condições, que estiveram em Houston, os remédios não fizeram efeito e pouco tempo depois, infelizmente, elas se foram. Eu, ao contrário, continuo vivendo, e já se passaram vinte e três anos! Sinto-me bem como se jamais tivesse tido essa doença. Em 2010, centenário do nascimento de Madre Teresa, festejei de maneira solene os meus oitenta anos, e cinquenta anos de matrimônio.

Capítulo 13

Tragédia familiar

Madre Teresa jamais falou da própria família. Portanto, a qualquer um que lhe fizesse perguntas precisas sobre sua infância e adolescência, dava respostas breves, genéricas, quase evasivas. Com frequência não respondia, dando a impressão de que, quem sabe por quais razões secretas, não queria abordar o assunto.

Na realidade, seu silêncio e sua discrição escondiam um drama. Durante nossos encontros, também tentei lhe perguntar sobre a família, mas percebi que a fazia sofrer, por isso parei.

Eu já conhecia sua história por meio de Lazar, o irmão de Madre Teresa, em 1979, quando ela recebeu o prêmio Nobel da Paz. A imprensa de todo o mundo falava dela. Nós, jornalistas italianos, ficamos sabendo que ela tinha um irmão na Sicília e fomos entrevistá-lo. Assim, passei a conhecer os acontecimentos dolorosos da família de Madre Teresa, que eram a razão do seu silêncio.

"Vocês são afortunados"

Madre Teresa nasceu em Skopje, no dia 26 de agosto de 1910. Por muitos anos, quase todos os jornalistas escreveram que era eslava. Na realidade, era albanesa.

Skopje, que hoje é um importante centro, capital da Macedônia, no curso de sua história foi dominada por diversos Estados. Foi anexada à Turquia e à Servia, mas a sua origem é albanesa. De fato, a maior parte dos habitantes de Skopje fala albanês, e também os pais de Madre Teresa sentiam-se albaneses e falavam a própria língua.

O pai, Nicola Bojaxhiu, era um abastado comerciante diplomado em farmácia. Tinha também uma empresa de construções. Foi ele quem construiu em Skopje o primeiro teatro. A mãe, Drone (nome de uma flor na Albânia), provinha de uma família próspera. Casou-se muito jovem, aos quinze anos, e era dezoito anos mais nova que o marido. Aos dezesseis já era mãe da primeira filha, Agata; aos dezoito, de Lazar; e aos vinte, de Inês, a futura Madre Teresa. Na família, o nome Inês foi logo substituído pelo apelido *Gonxha*, que significa "flor".

Os Bojaxhiu residiam numa bela casa, com um grande jardim, que na primavera ficava lindo, repleto de muitas flores. No quintal, a família possuía outra residência, reservada para receber hóspedes e parentes.

A população de Skopje era de religião muçulmana. Havia também um grupo de gregos ortodoxos, enquanto os católicos eram pouquíssimos. E os Bojaxhiu pertenciam a essa exígua minoria. Como quase sempre acontece com quem faz parte da minoria, os Bojaxhiu eram orgulhosos da sua fé e a praticavam com entusiasmo, coerência e zelo. Sobretudo a mãe, Drone, sobre quem pesava a responsabilidade da educação dos filhos. Era muito religiosa e muito diligente para transmitir aos seus filhos a fé que tinha recebido dos próprios pais.

Muito perto da casa da sua família existia uma igrejinha, e todas as manhãs, depois que o pai Nicola saía para o trabalho, a mãe Drone levava os seus três filhos a essa igreja para rezar e assistir à Missa. À tarde, quando escurecia, a mãe reunia a família na sala de estar e juntos recitavam o terço. Era um momento muito importante do dia, para o qual eram sempre convidados também os parentes e os hóspedes que se alojavam na outra casa do quintal.

A mãe Drone vivia sua fé de modo muito simples e verdadeiro. Segundo o ensinamento do Evangelho, empenhava-se para amar o próximo com ações.

Recordava as palavras de Jesus: "Qualquer coisa que fizerem a um pobre por meu amor, considero feita a mim". E assim tinha o costume cristão de ir, uma vez por semana, visitar os doentes da cidade e levar alimentos e roupa aos pobres. E queria que seus filhos, mesmo pequenos, a acompanhassem. "Vocês são afortunados", repetia-lhes, "têm uma bela casa, pão e roupas... não lhes falta nada. Mas não podem esquecer que tanta gente passa fome e há crianças que não têm o que vestir e, quando adoecem, não têm nem mesmo remédio para se tratarem".

Os seus amiguinhos

Lazar Bojaxhiu, o irmão de Madre Teresa, contou que, na família, quem seguia com maior entusiasmo os conselhos da mãe era mesmo Inês, a menor dos três irmãos.

– Havia uma pobre viúva que vivia com sete filhos, quase todos pequenos, num quarto escuro e sujo – contou Lazar. – Nós, crianças, ficávamos com o coração partido quando íamos ao seu encontro com nossa mãe e víamos aquelas pobres criaturas amontoarem-se numa única cama, com cobertas gordurosas e desgastadas. Um quarto só para oito criaturas, com um buraco que servia de cozinha e nem sequer um banheiro, enquanto cada um de nós tinha o próprio belo quarto e banheira com água quente, uma raridade naquela época em Skopje. Eu e minha irmã Agata jamais íamos com prazer naquela casa, enquanto Inês estava quase sempre lá entre aquelas crianças sujas e desnutridas. Quando saía da escola, antes de voltar para casa, sempre visitava esses amiguinhos. E depois retornava à tarde para lanchar com eles. Naturalmente ela levava tudo. Quando, depois, aquela pobre mulher morreu, os seus sete filhos praticamente viveram por um período em nossa casa.

O exemplo da mãe Drone deve ter deixado um sinal profundo no coração da pequena Inês. Ao falar da própria vocação religiosa, Madre Teresa me disse:

– Não sei dizer se, no amadurecer da minha vocação, tive mais influência do exemplo da minha mãe e do seu amor pelos pobres ou da minha assídua frequência à igreja.

Assassinato político

A tranquilidade e a serenidade da família Bojaxhiu não durou muito tempo. O chefe da família, Nicola, estava empenhado na política. Lutava pelos direitos da população de Kosovo, uma região de camponeses que era albanesa e queria permanecer assim.

Em 1913, a Albânia obteve a independência, e os Bojaxhiu fizeram festa. Mas logo depois o país foi dividido e a região de Kosovo passou para a Iugoslávia. Queria, porém, voltar para a Albânia, e, por isso, naquela região, existiam focos de revolta de camponeses e tensão, que as tropas de Belgrado eliminavam com violência.

As tropas eslavas visavam, sobretudo, às personalidades mais atuantes, que influenciavam a população, e entre estas estava o pai de Inês, estimado e respeitado em toda a cidade.

As autoridades eslavas começaram a perseguir Nicola Bojaxhiu. Faziam chantagem com retaliações e vinganças. Começaram a sabotar de todos os meios o seu trabalho. A empresa de Nicola Bojaxhiu passou a enfrentar grandes dificuldades, que a levaram à beira da falência. Mas Nicola não desistiu. Então, as autoridades eslavas usaram meios drásticos, eliminando aquele homem que, para eles, era somente um rebelde.

Lazar Bojaxhiu contou:

– Meu pai era conselheiro municipal e foi a Belgrado para uma reunião. Trouxeram-no para casa de carroça, com dores lancinantes. Foi internado no hospital, mas não havia nada a fazer. Morreu poucas horas depois, por envenenamento. Tinha 46 anos. Em nenhum documento médico foi escrito que fora envenenado, mas sabíamos muito bem que fora eliminado daquele modo pela polícia eslava por razões políticas.

A família Bojaxhiu deparou-se logo com gravíssimas dificuldades econômicas. A empresa paterna foi fechada e a família foi parar na sarjeta. A mãe Drone, porém, não perdeu o ânimo. Tinha três filhos para criar: Agata com treze anos, Lazar com onze e Inês com nove. Para alimentar suas crianças, iniciou com grande coragem uma nova atividade comercial. Começou a vender tapetes, bordados e outros produtos do artesanato local. Uma atividade na qual ninguém acreditava, mas, ao contrário, demonstrou-se muito rentável, permitindo à família seguir em frente com dignidade.

Anos de angústia para a Madre

Enquanto isso, Inês crescia. Seguindo o exemplo da mãe, dedicava o tempo livre aos pobres. Aos dezoito anos a vocação manifestou-se abertamente e Inês deixou a família para ingressar no convento. Tornou-se Irmã da congregação de Nossa Senhora do Loreto. Antes foi para a Irlanda e depois para a Índia. Depois que deixou a família, nunca mais viu sua mãe nem sua irmã Agata.

A família de Madre Teresa continuou a viver em Skopje até o fim de 1934, transferindo-se depois para Tirana. Em 1939, quando Mussolini, querendo servir-se da Albânia como passarela para penetrar nos Balcãs, ordenou que as tropas invadissem esse país, Lazar Bojaxhiu, que então tinha 31 anos e era oficial do exército, como muitos outros soldados, foi incorporado às tropas italianas e enviado a prestar serviço em Turim. Quando a guerra acabou, ele decidiu permanecer na Itália.

Na Albânia, no entanto, as forças de resistência albanesas tornaram-se, depois, o exército de libertação, sob a liderança de Enver Hoxha. Liberada Tirana, no dia 11 de janeiro de 1946, a Albânia foi proclamada República Popular e passou a fazer parte do bloco comunista. Iniciou-se, assim, para esse país, um novo e terrível calvário.

Durante mais de quarenta anos, a pátria de Madre Teresa permaneceu sob a ditadura de Enver Hoxha, um dos mais cruéis torturadores do século vinte. No início, para reforçar sua posição política nos confrontos com as nações limítrofes, Enver Hoxha apoiou-se em Stalin. Quando este morreu e Kruscev revelou as horríveis crueldades, Hoxha rompeu com o Kremlin e tornou-se amigo de Mao.

No interior da sua nação tinha instaurado um regime de terror, mantido por uma polícia secreta eficientíssima e cruel. Qualquer um que fosse suspeito de não ser fidelíssimo ao ditador, era eliminado. No final dos anos 1960, ao abraçar os métodos da Revolução cultural chinesa, eliminou em poucos dias 400 dirigentes do Partido e, num só dia, mandou matar 30 generais. O próprio irmão de Madre Teresa, Lazar Bojaxhiu, foi vítima desse ditador sanguinário: foi considerado culpado e condenado à morte por ter lutado no exército italiano e traído a Albânia.

Madre Teresa conhecia todos esses acontecimentos e temia pela sorte da mãe e da irmã, que, vivendo em Tirana, eram obrigadas a estar sob o controle da polícia do ditador, por serem parentes de um traidor condenado à morte e de uma religiosa.

Depois, finalmente, chegou uma carta. As duas mulheres estavam vivas.

Tentativas Frustradas

Mas o regime as oprimia. Tinham permissão para escrever aos parentes no exterior somente uma vez por mês, e toda carta deveria passar pela censura do Estado, que controlava cada mínima expressão.

Desse modo, Madre Teresa jamais sabia as reais condições de saúde e de vida de sua mãe e irmã. Pelas cartas intuía que estavam sofrendo. Sua mãe escrevia: "Quero ver-te antes de morrer. É a única graça que peço ao bom Deus".

Aproveitando-se de políticos importantes que conhecia em todo o mundo, Madre Teresa tentou todos os caminhos possíveis para fazer a mãe e a irmã saírem da Albânia. No final dos anos 1960, parecia que os seus esforços tinham finalmente chegado a resultados positivos.

A Albânia, então, estava ligada à China, mas procurava timidamente abrir-se ao Ocidente. O governo francês parecia estar disposto a iniciar o diálogo. O ministro dos Negócios Estrangeiros francês, Couve de Murville, que conhecia Madre Teresa, apresentou pessoalmente um pedido ao seu colega de Tirana. Algum tempo depois, o ministro dos Negócios Estrangeiros albanês escreveu a Couve de Murville: "As senhoras Drone e Agata Bojaxhiu não estão em condições físicas que permitam uma viagem ao exterior". Era a recusa.

Madre Teresa viu dissipar-se o sonho de poder voltar a abraçar a mãe e a irmã. Sofreu. Talvez tenha chorado, mas não disse mais nada. Ofereceu o sofrimento ao Senhor, como fazia sempre. A mãe Drone morreu em 1974 e, dois anos depois, também Agata.

Depois da morte da mãe e da irmã, Madre Teresa continuou a manter silêncio sobre a sorte dos familiares. A Albânia era sua pátria e ela esperava o momento para tornar-se útil. De fato, terminado o regime do ditador Enver Hoxha, Madre Teresa foi chamada com suas Irmãs para trabalharem entre a gente pobre dessa nação. Correu logo, com entusiasmo, talvez pensando na própria mãe e irmã que, com seus sofrimentos, tinham certamente contribuído para a libertação daquele país.

Madre Teresa era ligadíssima aos pais, dos quais recebera uma educação exemplar. E tinha sofrido muitíssimo, antes, com a morte do pai e depois pela condição em que sua mãe viveu. Mas conseguiu também encontrar a imensa força do perdão e, por isso, não gostava de recordar seu passado nem muito menos de julgar o que havia acontecido.

Capítulo 14

No mistério da vocação

– Quando a senhora percebeu que tinha vocação para ser religiosa? – perguntei a Madre Teresa.
– O chamado do Senhor é um mistério – me respondeu.
– Talvez somente quando estivermos no Paraíso poderemos conhecer os porquês mais profundos da nossa vida. Eu acredito ter percebido o primeiro chamado do Senhor, para escolher um modo de vida dedicada a ele, por volta dos doze anos. Vivia com minha família em Skopje. Minha mãe era uma mulher profundamente cristã e talvez seu exemplo, seu amor pelos pobres, tenha me influenciado. Mas no momento não queria ser freira e só muito mais tarde respondi ao chamado do Senhor. Tinha dezoito anos quando decidi consagrar-me a Deus.

Percurso complexo

Quando os meios de comunicação começaram a interessar-se por Madre Teresa, ela já era adulta, tinha fundado uma congregação religiosa e a atenção estava voltada às extraordinárias obras que realizava em favor dos pobres. Ninguém jamais havia se concentrado para analisar a sua vocação, o percurso espiritual que cumprira. Parecia que sempre fora "Madre Teresa", e não amadurecido a própria identidade espiritual pouco a pouco.

Na realidade, a vocação desta religiosa manifestou-se lentamente, com um percurso bastante complexo. Disse-me um dia:

– Talvez a vocação nasça de um diálogo íntimo entre Deus e a criatura, que se desenvolve no interior do espírito e que se inicia desde o primeiro instante da vida. Deus fala também às crianças não nascidas, e elas o compreendem bem.

Belíssimas frases e muito significativas. E foram uma espécie de guia sólido para a futura Madre Teresa e para as muitas batalhas que enfrentaria pela própria vocação.

Na vida de Madre Teresa, o "primeiro apelo", como ela chamava, surgiu aos doze anos, arraigado no exemplo recebido da família, sobretudo da mãe. Mas não era ainda um "apelo" à vida consagrada. Inês era, então, uma estudante brilhante, apaixonada por música, dança, e escrevia poesias. Olhava para a vida com o entusiasmo de uma jovem comum, cheia de sonhos e de grandes ideais.

Desde pequena, habituara-se a avaliar com clareza a si mesma e o mundo. Confidenciava-se com Deus, falava com ele, escutava-o. A frase: "Deus fala também às crianças não nascidas, e elas o entendem bem" é emblemática. E também: "A vocação inicia-se desde o primeiro instante da vida". "Inicia-se", mas depois, pouco a pouco, desenvolve-se, afirma-se e esclarece-se, através do diálogo entre Deus e a pessoa.

UMA ESCOLHA CORAJOSA

A resposta de Inês àquele "primeiro apelo" foi imediata. Como imediatas são sempre as escolhas dos jovens generosos. Mas desenvolveu-se, como veremos, dentro de um esquema que talvez não estivesse em sintonia perfeita com o chamado. Por isso, surgiram depois enormes dificuldades, que Inês, porém, soube resolver com a prudência das pessoas iluminadas, mas também com a coragem de uma leoa.

Jamais foi vítima de modas, costumes, pontos de vista mundanos, julgamentos dos outros. E nunca aceitou submeter-se a compromissos. Quando percebeu que estes estavam controlando o projeto fundamental da sua vida, teve força para romper os esquemas, fazer escolhas extremas, arriscar tudo para ser fiel à intuição interior que sentia bem clara, que era sua vocação. Assim se tornou Madre Teresa.

Desse processo, que se prolongou por muitos anos, jamais se fala. Um processo fruto do "diálogo íntimo entre Deus e a sua criatura, que se desenvolve no interior do espírito e que se inicia desde o primeiro instante de vida". Para ela, esse diálogo intensificou-se e orientou-se quando tinha doze anos de idade, e ainda mais aos dezoito, quando decidiu tornar-se religiosa. E depois, durante sua vida na Índia, que se desenvolvia, porém, de um modo não conforme à ideia inicial. E cada dia essa discrepância tornava-se mais gritante, a ponto de, aos trinta e oito anos, Irmã Teresa decidir deixar sua congregação, depor o hábito e voltar ao mundo para recomeçar tudo do início.

Uma escolha que, para a mentalidade daquele tempo, era indesejável e uma loucura. Mas ela a fez mesmo assim. Se não tivesse coragem de fazer essa escolha, talvez fosse somente mais uma Irmã diligente, ou mesmo infeliz, ou, pior ainda, frustrada.

A MISSÃO NO CORAÇÃO

– Aos doze anos eu frequentava uma escola não católica – contou-me Madre Teresa. – Mas na paróquia havia bons sacerdotes que cuidavam com zelo e diligência das nossas almas. Eu era assídua às iniciativas da paróquia. Um dia, um missionário jesuíta da Índia veio à nossa igreja falar sobre sua atividade naquelas terras. Suas palavras me impressionaram muito. Meu coração foi invadido por um grande desejo de também partir em missão, para colaborar com a difusão do Reino de Deus. Fui falar com aquele jesuíta. Ele me disse: "Reze para conhecer a vontade de Deus". O pensamento de partir em missão continuou a atormentar-me por muito tempo. Sabia, porém, que para satisfazer esse desejo deveria tornar-me freira; de fato, só elas poderiam partir em missão. Eu, naquele tempo, não queria fazer os votos e, assim, renunciei à Índia.

Portanto, ao primeiro tímido "chamado", a jovem Inês Bojaxhiu respondeu negativamente. Porém, não foi uma rejeição. Inês não se assustou com as dificuldades e os sacrifícios que aquele chamado propunha. Não se fechou por razões egoístas. Somente ficou perplexa, porque seu desejo de partir em missão parecia estreitamente ligado à opção de se tornar religiosa. E ela não queria fechar-se num convento.

Madre Teresa sempre foi uma mulher corajosa, desde criança.

Como vimos, aos doze anos estava atravessando um período muito penoso da sua existência. Seu pai tinha morrido havia três anos e a mãe foi obrigada a trabalhar, com todas as suas energias, para sustentar a família. Inês, mesmo que ainda fosse uma criança, a ajudava, providenciando sozinha muitas necessidades cotidianas. Tinha aprendido a ser dinâmica e autônoma.

Seu desejo de partir para a Índia coincidia com esse seu dinamismo e vontade de produzir. Desejava colaborar ativamente com os missionários para a difusão do Reino de Deus, pensando que seria uma experiência ativa, cheia de iniciativas, aventuras, perigos, viagens. Não conseguia compreender como tudo isso poderia realizar-se escolhendo o convento.

Provavelmente não conhecia profundamente a vida das Irmãs. Frequentava, como ela mesma contou, uma escola não católica. Na igreja havia bons sacerdotes que cuidavam da vida espiritual das jovens, e sua mãe a acompanhava nas visitas aos doentes e pobres. Mas, levando em conta esse período de sua infância, Madre Teresa jamais se referiu a Irmãs. Talvez, em Skopje, fossem raras, por ser uma cidade prevalentemente muçulmana. Pode ser este o motivo pelo qual a jovem Inês decide com firmeza não entrar num convento.

As cartas do Padre Anthony

Inês continuou sua existência normalmente. Mas o chamado interior que a impulsionava a querer colaborar na difusão do Reino de Deus em terra de missão não calava.

Passaram-se alguns anos. Inês cresceu.

– Era uma bela jovem – contou Lazar, seu irmão. – Tinha grande sensibilidade. Amava a música e tocava bandolim e piano de cauda.

Na paróquia, as jovens faziam parte de uma irmandade mariana orientada pelos jesuítas. Alguns dos religiosos que Inês tinha conhecido partiram para as missões na Índia e desenvolviam a sua atividade em Bengala. Porém, jamais esqueceram os amigos de Skopje e mantinham contato por cartas. Um em particular, Padre Anthony, enviava uma, duas cartas por semana, fazendo amplas narrativas da própria atividade e das de seus confrades.

Esses missionários trabalhavam no distrito de Noakhali, uma das regiões mais inacessíveis da Índia. Era uma região de pântanos e ilhas espalhadas no delta do rio Ganges, onde, numa área de sessenta quilômetros quadrados, viviam dois milhões e meio de pessoas; miseráveis que habitavam barracas imundas, acessíveis somente de barco ou sobre barcaças transportadas por búfalos.

As cartas do Padre Anthony eram escritas com entusiasmo e transmitiam a alegria e o orgulho de sentir-se um missionário de Cristo. Nem bem chegavam e já eram difundidas entre os jovens católicos de Skopje, que as liam com avidez. Algumas eram publicadas no jornalzinho da irmandade mariana.

Inês também lia aquelas cartas e se entusiasmava. De fato, foram as palavras do Padre Anthony que mantiveram sempre aceso nela o desejo de ser missionária na Índia.

Objetivo Bengala

E, quando tinha dezoito anos, esse projeto tornou-se poderoso no coração de Inês. Não era mais uma criança, mas uma jovem em condições de olhar com firmeza dentro do próprio coração. Percebeu que havia chegado o momento de pensar concretamente no futuro e que devia decidir o que queria fazer na vida. Deveria escolher a própria estrada e percebia que o único projeto ao qual aspirava com todo o seu coração era tornar-se missionária.

Refletiu longamente. Rezou. E, quando estava segura de querer verdadeiramente seguir aquele caminho, falou com a mãe e depois com o pároco.

O seu objetivo era ir para Bengala. Queria colaborar com os missionários jesuítas que conhecia, participar daquela vida que Padre Anthony tinha descrito muito bem nas cartas, difundir o Reino de Deus entre as pessoas pobres que habitavam nos pântanos.

Porém, permanecia o fato de que uma mulher, para ser missionária, deveria tornar-se freira. Agora existem também missionárias leigas, mas naquele tempo só as religiosas podiam tornar-se missionárias. Dessa vez Inês estava muito decidida: se não podia partir como leiga, seria Irmã.

Pediu informações. Disseram-lhe que as Irmãs presentes como missionárias na região de Bengala pertenciam à congregação de Nossa Senhora do Loreto, cuja Casa Mãe encontrava-se em Dublin, na Irlanda. Se Inês quisesse ser missionária em Bengala, deveria dirigir-se a essa Casa Mãe, pedir para ingressar na congregação e, depois, para ser enviada à Índia.

Não queria perder tempo. Escreveu, então, para a Irlanda e, depois de algum tempo, recebeu uma resposta afirmativa. No verão de 1928 deixou a família e partiu para Dublin. Entrou na congregação Nossa Senhora do Loreto e permaneceu na Irlanda menos de um ano, o tempo necessário para que as religiosas responsáveis pelas novas vocações pudessem avaliar se aquela jovem albanesa tinha qualidades para tornar-se uma boa Irmã. E finalmente, em fevereiro de 1929, foi mandada para a Índia, para Darjeeling, na região do Himalaia, a fim de fazer o noviciado.

Darjeeling encontra-se numa região estupenda, a dois mil metros acima do mar. Trata-se de uma região turística, frequentada por famílias indianas mais ricas.

As Irmãs de Nossa Senhora de Loreto possuíam em Darjeeling uma bela casa para as noviças. As jovens aspirantes religiosas deveriam permanecer nesse lugar por dois anos, a fim de refletir, meditar e exercitar-se para a futura existência conventual. Ali Inês dedicou-se ao estudo da Regra e à prática da vida espiritual. Foram para ela dois anos belíssimos. Serenidade e paz dentro do convento, tendo ao seu redor um cenário fantástico de beleza natural.

Irmã Teresa

Ao terminar o período do noviciado, emitiu os votos religiosos, com os quais se despediu definitivamente do mundo para tornar-se esposa de Cristo.

Para desapegar-se totalmente da vida passada, a Regra, segundo uma antiga tradição comum a quase todas as ordens e congregações religiosas, exigia que a Irmã renunciasse também ao nome e adotasse um novo. Inês Bojaxhiu quis escolher o nome de uma santa francesa, Teresa de Lisieux, conhecida também com o nome de Teresinha do Menino Jesus. Inês era fascinada pela figura daquela santa, que morreu aos 24 anos. Tinha lido a sua biografia e ficou impressionada pelo fato de que, mesmo permanecendo sempre fechada num mosteiro de clausura, foi proclamada pela Igreja "padroeira das missões".

Aquele dia, depois de ter emitido os votos, chegaram as disposições das superioras para as novas Irmãs. Irmã Teresa foi enviada para a High School de Entally, um grande colégio na periferia oriental de Calcutá, com o encargo de estudar para conseguir o diploma de Magistério. De fato, as superioras queriam que ela fosse professora.

Era uma decisão inesperada, que contrastava com seus desejos de ser missionária. Irmã Teresa ficou surpresa e perplexa. Mas, refletindo sobre os votos emitidos havia pouco, entre os quais o da obediência, inclinou a cabeça e preparou-se para partir.

Em Entally, as Irmãs de Nossa Senhora do Loreto ocupavam vários importantes edifícios, entre os quais o da High School inglesa e o de uma High School bengali para o qual Irmã Teresa foi destinada.

Sua tarefa era ensinar, mas, sobretudo, dedicar-se à formação espiritual das suas estudantes. Aquelas jovens seriam as futuras senhoras da Índia, as mães, as educadoras, as dirigentes, as responsáveis por repartições, as pessoas que influenciariam a qualidade do progresso do país.

A tarefa de Irmã Teresa, portanto, era importante e delicadíssima. Por isso, assumiu inteiramente o novo encargo, com todo entusiasmo. Logo se tornou excelente na sua missão. As superioras estavam contentes com ela a ponto de, pouco tempo depois, ser nomeada diretora da escola. Confiaram-lhe também a direção das "Filhas de Santa Ana", uma congregação diocesana de Irmãs indianas que vestiam um sári azul e ensinavam nas escolas secundárias de Bengala.

Professora num colégio esplêndido

O colégio onde a jovem Teresa ensinava situava-se na zona mais bela de Calcutá: um bairro de estilo ocidental, onde havia belíssimos edifícios, entre os quais o do governador britânico.

A vida no colégio era tranquila e confortável. Numa carta daquele tempo, Irmã Teresa escreveu: "Ensino e esta é a minha nova vida. O nosso colégio é esplêndido. Gosto de ensinar. Tenho aqui a responsabilidade de uma escola inteira, e muitas jovens que me querem bem".

Vivendo entre os muros do colégio, porém, Irmã Teresa não encontrava mais os pobres, os "intocáveis" de Calcutá, as pessoas que morriam de fome e de miséria pelas ruas da cidade, e para as quais tinha se tornado Irmã. Ela ensinava em grandes salas iluminadas, rezava numa rica capela, passeava num belíssimo jardim, dormia num lindo quarto, numa cama confortável, protegida por mosquiteiros brancos. Vestia um hábito simples e levíssimos sapatos brancos que lhe permitiam caminhar apressada pelos corredores sem fazer o mínimo barulho. Mas todas estas comodidades não haviam tocado minimamente o seu espírito. Jamais a fizeram esquecer dos ideais missionários, que inflamaram seu coração em Skopje. No colégio de Entally existia uma irmandade feminina da Bem-aventurada Virgem Maria, semelhante àquela na qual estava inscrita quando ainda se encontrava em Skopje. As jovens que faziam parte daquela irmandade desenvolviam diversas atividades caritativas e sociais fora do colégio. Em turnos, iam visitar o hospital vizinho "Nilratan Sarkar" para consolar os doentes, infundir-lhes coragem, prestar pequenos serviços, escrever cartas para eles.

Havia um grupo de jovens que semanalmente visitava também as favelas, isto é, os mais repugnantes refúgios da miséria da cidade. Eram autênticos guetos, sem qualquer estrutura de higiene, onde, junto com a miséria e a degradação moral, se propagavam as doenças mais terríveis, como a lepra. Nesses barracos viviam amontoados, como moscas, milhares e milhares de deserdados, esquecidos por todos, que nem sequer estavam inscritos no registro civil.

Uma dessas favelas estava justamente atrás do muro do colégio. Chamava-se "favela de Motijhil", e Irmã Teresa podia ver os barracos miseráveis se olhasse pelas janelas. Era o lugar onde suas jovens iam prestar ajuda. Quando depois voltavam ao colégio, contavam com piedade e paixão aquilo que tinham visto. Suas narrativas eram dilacerantes. Irmã Teresa as escutava, em silêncio, sem fazer comentários. Mas ninguém sabia os sentimentos que suscitavam no seu coração.

JAMAIS NAS FAVELAS

Um fato é certo: enquanto ensinava no colégio, jamais visitou os pobres que viviam nas favelas. Poderia fazê-lo, talvez acompanhando o grupo das suas alunas. Ao contrário, nunca foi. Também afirmou isso, de modo preciso e categórico, o Padre Julien Henry, então diretor espiritual do colégio de Entally. Irmã Teresa, que em seguida teria dedicado toda sua energia para esses pobres, quando estava naquele colégio, mesmo tendo um gueto de miséria próximo ao edifício no qual vivia, não foi jamais visitá-lo.

Por quê?

É difícil responder. O certo é que não o fez por indiferença. Talvez não quisesse estar entre aqueles pobres porque sentia que ainda não tinha chegado o momento. Ou porque o seu coração sensibilíssimo a impedia de enfrentar tanto sofrimento. Ou, conhecendo-se bem, sabia que, se fosse uma só vez ver aquela gente, não seria mais capaz de deixá-los e não voltaria mais ao colégio para cumprir o seu dever.

Isso não podia acontecer. Tinha feito voto de obediência e as superioras a mandaram ensinar.

Quem sabe quantas vezes, no segredo do seu coração, recordando as narrativas lancinantes das suas jovens sobre os indizíveis sofrimentos vistos naqueles guetos de miséria, teria pensado naqueles pobres, rezado por eles, chorado pedindo a Deus para dar-lhe a possibilidade de fazer alguma coisa para aliviar os sofrimentos deles.

Capítulo 15

A noite do "mandato"

No dia 26 de agosto de 1946, Irmã Teresa completaria 36 anos. Para a ocasião, na St. Mary's High School, onde ensinava, foi organizada uma festa. Suas alunas a queriam muito bem, e a data do seu aniversário era a ocasião para demonstrar afeto e reconhecimento à Irmã. Tinha se tornado um costume para as alunas voltar ao colégio depois das férias justamente a tempo para festejar com Irmã Teresa.

Dias de sangue

Naquele ano, porém, a festa não teve a serenidade e a vivacidade das precedentes. A Índia estava atravessando um dramático momento político. O grande continente, habitado à época por mais de 400 milhões de habitantes, pobres na sua maioria, estava cansado do domínio colonial inglês, que durava mais de três séculos; queria a liberdade e procurava conquistá-la também com revoltas sangrentas.

Porém, nos últimos tempos, a situação precipitara-se. Ao lado do movimento pacifista guiado por Mohandas Karamchand Gandhi, que conseguia entusiasmar as multidões com a sua doutrina de "não violência", muitos pequenos grupos de fanáticos, sobretudo muçulmanos, aproveitavam da instabilidade política para desencadear tumultos que se concluíam com massacres, pilhagens, incêndios e ruínas.

As revoltas eram frequentes, em particular em Calcutá, a mais populosa cidade da Índia, onde se apinhava a máxima concentração mundial de miseráveis, hindus e muçulmanos, amontoados em desordem.

A última dessas revoltas, a mais sangrenta e terrível do período, levou o terror e a morte aos bairros pobres da cidade. Explodiu no dia 16 de agosto. A Liga Muçulmana tinha declarado essa data como "jornada da ação direta", convidando todos os seus membros a dar uma demonstração de força aos ingleses e aos hindus, e aconteceu uma coisa horrível.

Naquela manhã, de fato, centenas de fanáticos muçulmanos saíram das suas casas, armados com bastões, barras de ferro e pás. Correndo sem parar pelas ruas, massacraram sem piedade todos os hindus que encontraram, jogando depois os cadáveres nos canais de esgoto. Lojas e casas foram incendiadas e, em poucas horas, a cidade estava coberta de densas e escuras nuvens de fumaça.

Os policiais, aterrorizados com tanto furor, esconderam-se sem reagir. Pegos de surpresa, os hindus foram obrigados a enfrentar a iniciativa dos muçulmanos. Mas, passado o primeiro momento de desorientação, organizaram-se, passando ao contra-ataque, e, por sua vez, deram início a outro massacre.

Durante vinte e quatro horas Calcutá foi um verdadeiro campo de batalhas. E somente naquele dia de tumultos morreram seis mil pessoas. O rio Hoogly, que atravessa a cidade, estava cheio de cadáveres, que boiavam inchados como odres. A guerrilha difundiu-se logo nos bairros vizinhos, o de Noakhali e na região de Bihar.

O eco do massacre ultrapassou também os limites da tranquila St. Mary'School. Irmã Teresa acompanhara as notícias com receio, trazidas pelo pessoal da escola. Ficava horrorizada ouvindo os detalhes das torturas, das barbáries, das quais eram vítimas, sobretudo, os mais pobres, os mais indefesos, como as mulheres, os idosos e as crianças. O sofrimento que levava no coração a impedia, naquele dia 26 de agosto de 1946, de alegrar-se pela festa do seu aniversário, com suas alunas, como tinha feito nos anos anteriores.

Houve mesmo assim uma festa, durante a qual Irmã Teresa procurou sorrir diante dos presentes de suas alunas, mas no seu íntimo havia uma tormenta.

Os gravíssimos fatos desses dias levaram Irmã Teresa a refletir não só sobre os dramáticos acontecimentos na Índia, mas também sobre a própria vida.

Momento de crise

Depois de algum tempo, Irmã Teresa não se sentia mais à vontade na tranquila vida que levava na escola. Durante anos tudo fora suave e ela havia cumprido seu dever com dedicação e grande espírito de obediência. Mas, naquele momento, parecia-lhe que seu trabalho de ensinar no interior do belíssimo colégio não estava em sintonia com o que acontecia na Índia nem com o espírito missionário que sempre cultivara no coração.

"E se o Senhor espera de mim outra coisa, algo mais exigente voltado a quem está sofrendo nesta nação?", perguntava-se. Seu íntimo estava dilacerado pela dúvida. Passava por um momento de crise. Não queria admiti-lo, mas era a realidade.

Impôs-se não pensar nisso. Duas semanas depois, partiria para os exercícios espirituais. Estava segura de que durante aquele período de silêncio, dedicado à oração e à meditação, esclareceria tudo.

Um check-up para o espírito

Os exercícios espirituais anuais são uma prática utilizada em quase todas as ordens e congregação religiosas. Podem ser considerados uma espécie de diagnóstico da própria vida interior, que têm origem numa obra escrita nos anos 1500 por Santo Inácio de Loyola, o fundador da Companhia de Jesus.

Seguindo o exemplo de Santo Inácio, uma vez por ano, os religiosos e religiosas são convidados a deixar o trabalho e o ambiente onde habitualmente vivem para se retirar num lugar solitário, silencioso, recolhido, adequado à reflexão e à oração.

Para Santo Inácio, os exercícios espirituais duravam um mês. Agora, normalmente, realizam-se durante uma semana. Para Irmã Teresa, naquele ano, os exercícios espirituais começaram no dia 12 de setembro. Aconteceram em Darjeeling, uma cidade da Bengala Ocidental onde vivera nos dois anos de noviciado.

Como já foi dito, Darjeeling fica perto do Himalaia, numa região muito sugestiva, dominada pelo cume do monte Kanchenjunga, com mais de 8.500 metros de altitude. É uma importante instância climática, criada pelos ingleses e frequentada pela população rica de Calcutá.

Também no ano de 1946, Darjeeling era uma cidade para os privilegiados. Sobretudo nos meses quentes, de maio a outubro, quem podia pagar, retirava-se para lá para fugir do afã e do calor infernal das metrópoles.

As Irmãs de Nossa Senhora do Loreto iam a Darjeeling para os exercícios espirituais porque, além de restaurar o espírito no silêncio e na oração, podiam também restaurar o físico, desfrutando dos benefícios do clima ameno e agradável.

Multidão de miseráveis

Irmã Teresa partiu para Darjeeling na tarde do dia 10 de setembro. Tinha decidido viajar durante a noite, para evitar o tormento do calor que naqueles dias era verdadeiramente terrível.

Dirigiu-se, portanto, à estação de Calcutá para tomar o trem. Uma linha ferroviária ligava, de fato, a grande cidade da foz do rio Ganges ao centro climático do Himalaia.

Chegada à estação, Irmã Teresa encontrou-se literalmente cercada por uma multidão de miseráveis. Ficou impressionada. Ela vivia em Calcutá havia mais de dezesseis anos e sabia bem que era considerada a capital da miséria do mundo. Em nenhum outro lugar, sobre a face da Terra, talvez fosse possível encontrar tantos pobres e miseráveis.

Outras vezes, saindo do colégio, se encontrou imersa no tumulto de famintos e agonizantes, mas naquela tarde tudo era diferente. Parecia ver a realidade pela primeira vez. Enquanto percorria o trajeto que a levaria até a estação e, depois, enquanto esperava seu trem, olhava ao redor preocupada e quase perdida: tinha a impressão de que a miséria na cidade aumentara. À normal degradação das ruas juntaram-se os sinais horríveis dos recentes tumultos: casas destruídas e queimadas, milhares de pessoas acampadas ao ar livre sem abrigo.

E ali, naquela estação velha e degradada, encontravam-se inúmeros miseráveis, reduzidos a esqueletos ambulantes pela fome, marcados por doenças revoltantes. Via jovens mães com os filhos ao peito pedindo esmolas; grupos de crianças vestidas com trapos perseguindo os estrangeiros por comida; aleijados e cegos sentados no chão apontando para a própria a boca, querendo qualquer coisa para aliviar as dores da fome.

O trem estava lotado. Quando começou a movimentar-se, o fez com extrema lentidão, para não derrubar as numerosas pessoas amontoadas também sobre os degraus e até no teto dos vagões.

O trem parava em cada pequena estação e em todos os lugares aonde chegava tinha-se a mesma visão terrível de uma multidão imensa de mendigos esqueléticos. A Irmã continuava a olhar ao redor, apavorada, perdida. Jamais havia experimentado tanta compaixão nem sentido tanto remorso.

Eles também eram filhos de Deus

Irmã Teresa pensava e refletia. Procurava uma possível explicação para tanta desolação humana. Sua fé lhe dizia que aquelas larvas humanas que viajavam com ela, e que permaneciam nas estações, eram filhas de Deus tanto quanto ela e suas alunas do colégio. A diferença é que elas haviam tido a sorte de uma existência confortável, enquanto aqueles "filhos de Deus" sofriam imensamente, privados de tudo e com uma existência pior do que a de animais.

Olhava com infinita ternura as jovens mães que seguravam os filhos ao peito. Aqueles seios flácidos, vazios, murchos, não alimentavam. Mas os sentimentos daquelas mulheres não eram menos nobres ou menores do que os das mulheres ricas com os seios cheios. O sofrimento delas ao ver os próprios filhos famintos não era inferior ao de uma mãe inglesa ou americana.

Madre Teresa percebeu que sentia imensa paixão por essas pessoas. Recordou-se do Evangelho. Jesus tinha dito, referindo-se aos pobres: "Qualquer coisa que fizerdes a um destes pequeninos, o fareis a mim".

Jesus, portanto, era "esses pobres". E ela, com a profissão religiosa, havia se tornado esposa de Cristo. Deveria, por isso, cuidar do seu esposo, servir "aqueles pobres", que eram Jesus.

Mil pensamentos afloravam à mente e ao coração de Irmã Teresa durante aquela noite. À medida que a viagem progredia, o trem abandonava o afã da planície e se aproximava das encostas frescas do Himalaia. Muitos passageiros, embalados pelo balanço do trem e pela brisa noturna, adormeceram. Irmã Teresa, ao contrário, estava tensa. Sentia que algo importante estava acontecendo na própria vida. De fato, foi nessa noite que tomou a decisão de mudar tudo drasticamente.

O "CHAMADO DENTRO DO CHAMADO"

Um dia fiz uma pergunta precisa:

– Madre", o que realmente aconteceu durante essa viagem de trem para Darjeeling?

Madre Teresa me olhou em silêncio. Pensei que não me responderia, ou que encerraria o assunto com uma brincadeira, como em geral fazia. Ao contrário, fez esta extraordinária e comovente confissão:

– Naquela noite, abri os olhos sobre o sofrimento e compreendi profundamente a essência da minha vocação. Na realidade, posso dizer que aquela noite foi um novo chamado de Deus. Um chamado dentro do chamado. O Senhor não me convidava a mudar meu estado de Irmã, mas a "modificá-lo", para torná-lo mais de acordo com o Evangelho e o espírito missionário que ele me tinha dado. Um convite para aperfeiçoar a vocação que recebi aos 18 anos. Senti que o Senhor me pedia para renunciar à minha vida tranquila no interior da minha congregação religiosa para sair pelas ruas servindo os pobres. Era uma ordem, não uma sugestão, um convite ou uma proposta. Naquela noite, Jesus me "mandou" deixar o convento, com uma ordem bem precisa: deveria sair do convento e viver com os pobres. Mas não qualquer pobre. Ele me chamava para servir os desesperados, os mais pobres entre os pobres de Calcutá. Aqueles que não têm nada nem ninguém, aqueles de quem todos se recusam a se aproximar, porque são contagiosos e sujos, cheios de micróbios e parasitas; aqueles que não podem sair pelas ruas pedindo esmola porque estão nus, não têm sequer um trapo para usar e não podem sair naquelas condições; aqueles que não comem mais e estão de tal maneira debilitados pela inanição que não têm força nem sequer para mastigar os alimentos; aqueles que caem pelas ruas exaustos, sabendo que estão morrendo; aqueles que não choram mais porque não têm mais lágrimas. Estas eram as pessoas que Jesus, durante aquela viagem, me indicou para amar. Fiz os exercícios espirituais em Darjeeling refletindo sobre a mensagem que tinha recebido e, quando voltei para Calcutá, estava decidida a mudar minha vida.

Capítulo 16

Mudança drástica

A estadia de Irmã Teresa em Darjeeling, em setembro de 1946, durou dez dias. E foram os dez dias mais duros e importantes da sua vida.

Chegou com o ânimo em turbulência, porque durante a viagem aconteceram coisas enormes dentro do seu coração. Iniciara os exercícios espirituais sabendo que tinha acontecido uma "revolução" na própria vida. O comando de Jesus, de fato, era claro. Irmã Teresa deveria decidir-se a deixar a congregação religiosa abraçada há dezoito anos, para seguir a nova vocação. Mas como poderia fazer tudo isso?

"Direi a verdade"

Deixar o convento significava criar um escândalo. Ela era uma professora conhecida e estimada. O que pensariam as Irmãs, as alunas e a sua família? Como seria julgada?

Certamente ela não queria sair do convento porque estava cansada de ser Irmã. Sentia ser chamada por Deus para um novo empenho espiritual. O Senhor lhe havia indicado outros ideais, outros objetivos para realizar. E tudo isso comportava uma atividade fora dos muros do convento. Mas como explicar aos outros?

Nenhuma congregação religiosa católica jamais havia proposto, ao menos até então, os ideais que Irmã Teresa pretendia realizar. Por isso o seu novo projeto era inédito, não habitual, desconhecido das tradicionais organizações eclesiásticas. Ela deveria dar vida a um novo movimento, a uma nova família religiosa. Deveria tornar-se "fundadora" de uma congregação.

Era um ideal enorme, que, porém, comportava grandes problemas não só do ponto de vista prático, organizativo e econômico, mas também jurídico e institucional.

No curso da história, as Irmãs que haviam fundado novas congregações religiosas, eram quase sempre de certa idade, com uma longa experiência de vida claustral e que pareciam dotadas de particulares carismas ascéticos.

Irmã Teresa era jovem, tinha 36 anos, e estava no convento havia dezoito. Havia feito a profissão perpétua, isto é, definitiva, em 1937, portanto, somente nove anos antes. No convento sempre ensinara, e ninguém percebia que possuísse dons carismáticos. Por isso, não possuía as qualidades adequadas, para obter das superioras imediata confiança e, portanto, permissão para deixar o convento para fundar uma nova congregação.

Como religiosa, além disso, dependia da Igreja, à qual estava ligada com votos perpétuos. Portanto, não poderia fazer nada sem a permissão de seus superiores eclesiásticos.

O único modo de sair do convento sem romper os relacionamentos com a Igreja seria obter uma autorização especial do Papa. E, para fundar uma nova congregação depois, seriam necessárias muitas outras permissões eclesiásticas.

Antes de tudo Irmã Teresa deveria falar com a própria superiora da St. Mary's High School de Calcutá, depois com a superiora-geral de Dublin. Enquanto isso deveria informar também o Arcebispo de Calcutá, porque a ele competia pedir as respectivas autorizações do Papa.

Mas com que argumentos a jovem Irmã poderia convencer aquelas importantes autoridades?

"Direi a eles a verdade", repetia a si mesma. E a verdade era que numa noite de setembro, durante uma viagem de trem de Calcutá a Darjeeling, enquanto olhava a pobre gente que viajava com ela, Jesus lhe havia "mandado" sair do convento e colocar-se a serviço dos pobres entre os mais pobres do mundo.

E quem acreditaria? Provavelmente a veriam como uma exaltada. Ou apenas uma jovem Irmã que não queria mais cumprir o próprio dever e, por isso, andava à procura de uma forma de evadir-se. Julgariam o seu desejo de querer servir os mais pobres como uma desculpa, para escapar da difícil rotina do convento, da monotonia da obediência cotidiana.

Durante aqueles dias de exercícios espirituais avaliou e reavaliou todas as possibilidades. Tinha consciência de que o que desejava fazer era complicadíssimo, e que a sua conduta de procurar as próprias superioras poderia criar problemas. Estava também certa de que aquela questão comprometeria definitivamente o seu relacionamento com as Irmãs de Nossa Senhora do Loreto. E começou também a suspeitar que, talvez, aquelas ideias, aquelas aspirações poderiam estar sendo sugeridas pelo demônio. Poderiam ser tentações.

Rezava intensamente para obter um sinal, uma certeza. Conversou com seu confessor. Sentia-se literalmente esmagada por aquele repentino "chamado" que veio perturbar a sua existência. Terminado os exercícios espirituais, voltou para Calcutá. Durante a viagem de trem reviu o mar de miséria que se estendia nas periferias dos centros habitados, nas estações ferroviárias, e que aumentava à medida que se aproximava da grande cidade. Aqueles sofredores a olhavam com olhos perdidos e ela sentia que devia ajudá-los, que os amava como jamais amara ninguém, porque tinha descoberto que eles eram Jesus.

Ao voltar para a St. Mary's High School, retomou o próprio trabalho. Mas já era uma pessoa diferente.

Medo e escândalo

Naquele período ferviam os preparativos para o início do novo ano letivo. As jovens voltavam das férias, o colégio se reanimava e o trabalho das Irmãs e dos professores tornava-se intenso.

Empenhos, encontros, decisões, reuniões. A atividade absorvia todo o tempo. Ela, porém, não desistia de pensar no seu problema.

– O "chamado" que sentira na noite de 10 de setembro, no trem que me levava para Darjeeling – contou-me Madre Teresa –, tinha todas as características de um "mandato". Portanto, dentro de mim, "sabia" que deveria obedecer. Sobre isso não duvidava. Mas não sabia "como fazer".

Porém, sabia que deveria mover-se. Deveria fazer conhecer os próprios projetos, avaliar as reações, ver as dificuldades, discuti-las, ponderá-las e, enfim, superá-las.

Começou a confidenciar com pessoas próximas e compreendeu logo o quanto o problema era complicado.

As primeiras pessoas a quem, timidamente e com prudência, confiou as próprias aspirações foram algumas Irmãs que viviam com ela na St. Mary's High School. Estas a escutaram muito perplexas e, como era de esperar, escandalizaram-se.

Então, a Irmã dirigiu-se à superiora da comunidade. Obteve a mesma reação. Na verdade, pior. A superiora da St. Mary's High School correu para contar à superiora provincial e esta, por sua vez, informou logo o Arcebispo de Calcutá, Dom Ferdinand Perier.

Como o próprio Arcebispo contou depois, as Irmãs estavam literalmente assustadas. Disseram-lhe que, na sua comunidade, uma jovem Irmã, talvez exausta pelo intenso trabalho, tinha "ideias estranhas". Era preciso intervir antes que pudesse fazer uma "asneira", provocando um escândalo.

As Irmãs pensavam na sua congregação, no bom nome do colégio. Não deram crédito a Irmã Teresa e nenhum peso a seus problemas espirituais. Também, na verdade, não os levaram em consideração. De fato, ao reportar ao Arcebispo deram como certo que também ele chegaria às mesmas conclusões e que, portanto, tomaria as medidas disciplinares "contra" Irmã Teresa.

O ARCEBISPO DISSE: "NÃO"

Mas Dom Perier era um homem de grande experiência espiritual. Guiar uma comunidade católica numa cidade confusa como Calcutá, onde religiões, filosofias, esoterismo e fanatismos se misturavam numa confusão às vezes absoluta, era um empenho que requeria não só inteligência, astúcia e prudência, mas acima de tudo fé e grande capacidade intuitiva. Era necessário estar pronto para "ver" além das aparências e das notícias. E Dom Perier era treinado nesse exercício.

Escutou com atenção a narrativa da Madre superiora, mas não se preocupou nem muito menos ficou escandalizado. Disse somente que queria falar pessoalmente com a jovem Irmã e ouvir dela mesma quais eram suas aspirações.

O encontro aconteceu durante uma visita do Arcebispo a St. Mary's High School. Dom Perier manteve longo colóquio com Irmã Teresa e teve ótima impressão da religiosa. Mas não quis exprimi-la. Sabia que o tempo é um fator importante para iluminar os problemas da alma. Precisava contemporizar para poder compreender o desígnio de Deus, se fosse o caso.

– Confiei ao Bispo meu desejo – contou-me Madre Teresa. – Disse-lhe que Jesus tinha me pedido para sair da congregação das Irmãs do Loreto para iniciar uma nova existência em favor dos mais pobres entre os pobres. Dom Perier escutou-me com paciência, olhando-me atentamente nos olhos, e no fim me deu uma resposta precisa e seca: "Não".

Não se sabe o que o Arcebispo disse à superiora de St. Mary's High School no final desse colóquio, mas certamente "deu crédito" aos desejos de Irmã Teresa. E esse fato confirmou a convicção da superiora de considerar que a sua jovem Irmã estava sendo vítima de ilusões e de fantasias.

"Fui considerada uma traidora"

As dificuldades aumentaram e tornaram-se cada vez mais graves. Então, na comunidade religiosa todos conheciam seus projetos, mas ninguém os levava em consideração.

Irmã Teresa percebia muita desconfiança. As Irmãs a ignoravam, deixavam-na à parte, quase como se fosse uma traidora. Procuravam também afastar dela as alunas, temendo que, com suas ideias extravagantes, pudesse prejudicar a formação delas. Sentia-se sozinha, abandonada e sofria muito. Procurava conforto na oração, mas os pensamentos, as preocupações, o desconforto comunitário esgotava não só sua mente, mas também seu físico. Perdeu o apetite, começou a sofrer de insônia e, frequentemente, de dores no estômago e enxaquecas. Visivelmente começou a definhar e adoeceu.

As Irmãs pareciam felizes com sua doença. Para elas era "providencial" e chegava no momento justo para salvar uma difícil e lamentável situação. Logo, fizeram de tudo para que fosse transferida para outra comunidade da congregação.

Tratava-se de uma transferência "tática". Desde que Irmã Teresa manifestara suas novas aspirações, a superiora provincial queria afastá-la da St. Mary's High School, mas não sabia como justificar a transferência, porque a Irmã era amada e estimada por todos. Aquela "doença" era a oportunidade "de ouro", sendo aproveitada imediatamente. Irmã Teresa compreendeu: a transferência "era uma punição", e deu-se conta de que não voltaria jamais ao seu cargo de professora.

A COMPREENSÃO DA SUPERIORA-GERAL

A transferência não agradou o Arcebispo. Dom Perier vigiava aquela jovem Irmã, em cujos olhos tinha visto uma grande fé em Deus. Como soube que fora transferida, ainda que por motivo de saúde, interveio e a fez voltar a Calcutá, ao seu lugar na St. Mary's High School. E decidiu também que chegara o momento de tratar daquele caso.

Irmã Teresa lhe havia pedido para sair do convento e iniciar nova atividade a serviço dos mais pobres entre os pobres da cidade. Dom Perier, porém, não queria que sua saída fosse "definitiva". Ela mesma desejava fazer uma experiência, verificar sua resistência e a capacidade de realizar o projeto que lhe fora inspirado. Desse modo, Irmã Teresa deu provas de ser prudente, de não se deixar conduzir pelo entusiasmo. E o Arcebispo Perier apreciou muito esse seu sábio equilíbrio.

Entretanto, havia outro problema. A situação política naquele momento não era favorável a experiências do gênero. A Índia tinha obtido, naqueles dias, a independência dos ingleses e um vento de nacionalismo soprava sobre todo o imenso país. Sob a inspiração de Gandhi, grupos de políticos e intelectuais realizavam e desenvolviam atividades sociais entre as classes mais pobres. Como reagiriam se encontrassem nas favelas de Calcutá uma mulher europeia que desejava fazer o mesmo? Era necessário esperar.

Dom Perier disse à Irmã Teresa para ser paciente. Contudo, naquele momento o arcebispo também acreditava nos ideais que a irmã queria realizar. Por isso, sugeriu que ela desse andamento às práticas jurídicas para obter permissão de viver fora do convento.

– Escrevi imediatamente uma carta à Casa Mãe de Dublin – contou-me Madre Teresa. – Após algumas semanas recebi a resposta. A superiora-geral fora muito compreensiva. "Se o Senhor a chama", me respondeu, "autorizo-a de todo coração a deixar a congregação. Recorde-se, em qualquer circunstância, que a amamos. Se um dia quiser voltar, saiba que há sempre um lugar para você". Tendo a aprovação da Madre geral, necessitava da autorização da Santa Sé. Mas essa autorização o Arcebispo deveria encaminhar. O Arcebispo Perier não tinha pressa. Encontrava-me com ele com frequência, fazia-me muitas perguntas, mas não se decidia. Finalmente, no dia 2 de fevereiro de 1948 enviou o pedido à Congregação para os Religiosos, que era o organismo competente do Vaticano.

Quatro meses depois, e exatamente nos primeiros dias de junho, chegou a resposta. A Congregação me autorizava a ser Irmã fora do convento. Deveria, porém, continuar a observar a Regra da minha família religiosa, obedecendo ao Arcebispo de Calcutá.

Fora do convento, mas sempre Irmã

Nessa exigência de práticas e de permissões das autoridades superiores, manifestou-se mais uma vez a presença direta de Deus, que, de modo misterioso, guiava os passos da jovem Irmã.

Irmã Teresa queria sair do convento para trabalhar entre os pobres, mas desejava continuar sendo "religiosa", mantendo seu estado de consagrada a Deus através dos votos. Por isso, insistia em pedir aos superiores a "exclaustração", que é a autorização para "trabalhar fora do convento". O Arcebispo Perier queria que ela pedisse a "secularização", ou seja, a volta ao estado leigo. Desse modo, não estaria mais vinculada aos votos, seria uma pessoa completamente livre, como qualquer outro leigo.

Escrevendo a carta à superiora-geral, Irmã Teresa pediu mesmo a "exclaustração". O Arcebispo Perier, que leu a carta antes de aprová-la, a fez reescrever, impondo que no lugar de "exclaustração" escrevesse "secularização".

Com relutância, ela obedeceu. Mas ficou muito feliz quando, recebendo a resposta, leu que a superiora-geral compreendia a sua vocação, aderia às suas exigências de trabalhar fora do convento, mas sugeria pedir à

Congregação para os Religiosos não a "secularização", mas a "exclaustração", assim como ela desejava.

Então, era necessário preparar a carta para Roma. Amparada na sugestão da Madre geral, pediu novamente a "exclaustração". Mas novamente o Arcebispo, obstinado nas suas ideias, rejeitou a carta, dizendo:

– Ou pede a "secularização" ou não dou minha aprovação.

E mais uma vez, com relutância e sofrendo, ela obedeceu. Reescreveu a carta de acordo com a vontade do seu superior eclesiástico.

Entretanto, quando chegou a resposta, seu coração exultou de alegria. A congregação vaticana lhe concedia a "exclaustração", e não a "secularização". Ela, portanto, poderia iniciar uma nova experiência de vida fora do convento, permanecendo Irmã, ligada aos votos. Exatamente aquilo que ela queria. Este particular, muito significativo, foi um novo sinal da vontade de Deus. Era ele que guiava seu destino, e Teresa sentia-se tranquila.

– Esperei ainda quatro meses para estar segura do passo que estava dando – disse-me Madre Teresa. – No dia 16 de agosto de 1948, deixei o hábito das Irmãs de Nossa Senhora do Loreto e saí do convento.

Capítulo 17

"Comecei com o Menino Jesus"

– Sair da Congregação de Nossa Senhora do Loreto foi o maior sacrifício da minha vida – disse Madre Teresa. – Tinha sofrido muito quando, aos 18 anos, deixei minha família e meu país para ingressar no convento, mas sofri muito mais quando deixei o convento para iniciar a nova experiência que Jesus me reservava. Entre as Irmãs de Nossa Senhora do Loreto recebi a formação espiritual, tornei-me religiosa, consagrei-me a Deus. E amava o trabalho que me havia sido confiado na St. Mary's High School de Calcutá. Por isso, abandonar aquela que se tornara a minha segunda família, me custou tremendamente. Quando, no dia 16 de agosto de 1948, fechei a porta do convento nas costas e me encontrei sozinha nas ruas de Calcutá, experimentei uma fortíssima sensação de perda, quase de medo, que foi difícil de superar.

Festa da Assunção

Irmã Teresa quis que seu último dia no claustro fosse 15 de agosto e que coincidisse com a festa de Nossa Senhora da Assunção. Festa que, para os católicos, recorda um dos fatos mais clamorosos da história: a Assunção ao céu, em alma e corpo, de uma pessoa humana, Maria, a Mãe de Jesus.

Segundo a tradição, confirmada pela fé, ao término da sua longa existência terrena, Nossa Senhora não morreu como todas as pessoas: ela adormeceu e, enquanto dormia, os anjos vieram buscá-la e a levaram ao céu, onde está com seu corpo glorioso, penhor da ressurreição dos corpos que Jesus prometeu a todos. Segundo outras correntes teológicas, Nossa Senhora morreu, como todas as criaturas, e a sua Assunção ao céu aconteceu logo depois da morte. Permanece, de qualquer forma, o fato de que a Mãe de Jesus está lá, na misteriosa dimensão que não podemos imaginar, mas que a fé nos diz que é real. Nossa Senhora está lá, em corpo e alma, como Jesus e, talvez, outros privilegiados, como, por exemplo, São José.

A festa da Assunção, que na tradição cristã remonta ao século VII, não se refere a uma piedosa crença transmitida ao longo dos séculos, mas, a partir de 1950, é dogma de fé, uma verdade fundamental do patrimônio doutrinal católico, que todos devem acreditar para poder decifrar certos aspectos da realidade desta nossa existência.

Em 1948, a Assunção de Maria ao céu não era ainda um dogma de fé, mas todos os católicos conheciam sua importância e seu significado profundamente.

Irmã Teresa, em particular, gostava muito dessa festa. Em suas meditações, com frequência se detinha para aprofundar-lhe o sentido. Amava, sobretudo, refletir sobre o fato que continha uma verdade muito concreta: a vida eterna em corpo e alma para todos os seres humanos, sem exceção.

Essa festa era para Irmã Teresa a exaltação específica dos ideais que queria realizar com sua nova vida.

Também as inumeráveis "larvas" humanas que enchiam o submundo de Calcutá um dia ressuscitariam. Aqueles corpos em decomposição, malcheirosos, chagados, esqueléticos, corroídos pela lepra e por mil outras doenças entrariam gloriosos e resplandecentes no Reino de Deus, para continuar a viver num júbilo de bem-estar e felicidade. Irmã Teresa pensava em tudo isso e se dizia: "Não é uma fábula, é a realidade conquistada por Cristo".

O corpo, ensina a Igreja, é o templo do Espírito Santo. Jesus, com sua Paixão e Morte, redimiu as pessoas, portanto, as almas e também os corpos. Irmã Teresa procurava servir aqueles cujo corpo era com frequência considerado horrível e que aos olhos do mundo não valiam nada, mas que, mesmo naquelas condições, para o crente, eram sempre filhos de Deus. Dentro daqueles corpos desfeitos, escondia-se Jesus.

Aquilo que Irmã Teresa estava prestes a iniciar era o maior e mais concreto testemunho de amor e de fé que se poderia imaginar. Com sua missão, que se propunha a assistir e amar os rejeitados da sociedade, proclamava a real grandeza da pessoa humana, que permanece ainda que seu corpo esteja deformado e mutilado. O corpo conserva-se sempre templo do Espírito Santo, redimido por Cristo e destinado à ressurreição.

O "SÁRI" DOS POBRES

O "mandato" recebido de Jesus na noite de 10 de setembro de 1946 era claro e preciso no íntimo de Madre Teresa:

"Servir os pobres entre os mais pobres. Viver entre eles e como eles". Um ideal tremendo, que comportaria sacrifícios inimagináveis. Mas era também expressão de um amor absoluto. Por causa desse ideal, Irmã Teresa estava revolucionando a própria existência.

Como primeira providência era preciso escolher um vestido. Uma veste que fosse um uniforme e espelhasse um programa de vida para ela e para as futuras companheiras. Decidiu vestir-se com um sári, de tecido rudimentar, o vestuário mais comum na Índia, e o escolheu branco, a cor dos insignificantes, com três listas azuis, para recordar a cor do céu. E sandálias nos pés.

Os pobres, que tinha decidido servir, eram na maioria leprosos, cobertos de chagas. Por isso, necessitavam de assistência médica extrema. Portanto, ela deveria aprender a conhecer os elementos fundamentais da medicina, a aplicar injeções e a enfaixar as chagas. Era necessário fazer um curso de enfermagem.

Assim, transferiu-se para Patna, no médio Ganges, onde as Irmãs Médicas Missionárias de Madre Dengel dirigiam um hospital e tinham cursos de enfermagem. Pediu para ser instruída na arte médica. Frequentou o curso durante quatro meses. "Era uma aluna dedicada", recordam as Irmãs de Patna. "Em quatro meses conseguiu aprender bem aquilo que em geral se ensina em um ano."

Arroz e sal

A partir desse momento, quis viver de acordo com a Regra que deveria ser adotada para sua congregação. "Viver como os mais pobres entre os pobres."

Os pobres bengaleses alimentavam-se com "arroz e sal". E Irmã Teresa, durante esses dias, procurou sustentar-se comendo somente um pouco de arroz temperado com sal. Mas era uma alimentação no limite da sobrevivência. As Irmãs de Madre Dengel intervieram decididamente.

– Se continuar a comportar-se desse modo cometerá grave pecado – disseram-lhe. – Em pouco tempo você ficará tuberculosa e morrerá; portanto, não poderá fazer mais nada para os pobres. Se o corpo não estiver nutrido de modo suficiente, não poderá trabalhar.

Eram sugestões racionais, de bom senso. Teresa refletiu sobre os conselhos e percebeu que, inexperiente, estava abandonando-se com muito ardor pelo entusiasmo. O seu zelo poderia ser fatal. Aquelas Irmãs eram formadas em medicina e sabiam o que estavam dizendo. Precisava escutá-las.

Assim, decidiu que ela e suas futuras Irmãs se alimentariam com simplicidade, mas com o suficiente para poderem se manter saudáveis e trabalhar com dedicação total ao serviço aos pobres. Porém, é preciso dizer que os termos "com simplicidade" e "com o suficiente" jamais tiveram para Madre Teresa e suas Irmãs o sentido que poderíamos imaginar. Para elas, significavam alimentar-se com o essencial para manter-se em pé. Alimentando-se como os pobres, de fato, como os muito pobres. Eu assisti algumas vezes ao café da manhã e aos almoços de Madre Teresa e de suas Irmãs, e, devo dizer, não havia muita diferença entre o que elas comiam e a alimentação das famílias pobres da Índia.

Após quatro meses convivendo entre as Irmãs de Madre Dengel, em Patna, Irmã Teresa decide voltar para Calcutá. Parecia-lhe ter aprendido, ao menos, o indispensável para dar assistência aos doentes. O restante aprenderia na prática. Estava ansiosa para colocar-se a serviço dos pobres.

O INÍCIO DA MISSÃO

Era dezembro. Aproximava-se o Natal, e a Madre queria começar sua nova missão justamente no dia de Natal. Eis outra escolha simbólica e fortemente significativa. Sempre ligada ao concreto, à objetividade, quase ao "físico", para expressar a sua fé em Cristo.

O Natal e a Assunção, de que falamos, são desconcertantes mistérios da religião católica que chamam fortemente a atenção sobre a pessoa humana, sobre o homem e a mulher, compostos de alma e de corpo. Na verdade, o realce é mesmo dado ao corpo. Deus que se manifesta num "corpo humano" no Natal, e o corpo de Nossa Senhora que entra glorioso na dimensão eterna, pela Assunção.

No Natal, a Igreja recorda que a segunda pessoa da Santíssima Trindade, o Filho de Deus, se fez homem, nasceu de uma mulher, tornou-se uma criança anônima de nome Jesus, pobre, e sem nenhum poder, a ponto de ter nascido num estábulo. É o início da dramática e misteriosa aventura que vê Deus descendo à história. Aventura que culminará com a Paixão e Morte de Jesus na cruz. Tragédia para nós incompreensível, mistério de amor absoluto que se chama Redenção, com a qual Jesus restituiu a dignidade régia de filhos de Deus a todas as pessoas; dignidade que possuíam originalmente e que depois haviam rejeitado com o pecado.

Graças à Redenção de Cristo, todos os seres humanos são filhos de Deus. Portanto, são irmãos entre si, sem nenhuma distinção. As diferenças, visíveis no mundo, são fictícias e aparentes, provocadas por quem esqueceu a Redenção do pecado.

São estes os princípios da missão de Madre Teresa. Na noite de 10 de setembro de 1946, a noite do "chamado dentro do chamado", ela tinha entendido isso. E no caminho em direção a sua realização, queria chamar-se continuamente à realidade histórico-divina que esses princípios lhe ensinavam.

Sua missão para "os pobres entre os mais pobres" deveria, sem dúvida, iniciar-se no dia em que a Igreja recorda que Deus, por amor aos seres humanos, tornou-se uma criança pobre, anônima e indefesa. E assim foi.

Do paraíso ao inferno

Naquela manhã, depois de ter participado da missa, Irmã Teresa foi visitar a única favela que conhecia, a de Motijhil, próxima ao edifício da St. Mary's High School, onde havia lecionado por muitos anos.

Das suas alunas, que uma vez por semana iam àquele gueto para visitar os pobres, tinha escutado muitas histórias horríveis sobre a vida miserável que as pessoas levavam. Essas histórias alimentaram a instintiva generosidade do seu coração, contribuindo para amadurecer sua nova vocação. E, como já dissemos, por todo o tempo no qual Irmã Teresa vivera no convento, nunca quis colocar os pés na favela. Agora, ao contrário, desejava que se tornasse sua casa.

Durante todo aquele dia de festa, permaneceu fazendo amizade com as mulheres e com as crianças que viviam em Motijhil. Estava feliz. Sentia-se finalmente em casa. Aquela gente seria de agora em diante sua família.

Estava tão feliz que até se esqueceu de que não tinha um lugar onde dormir. Assim, naquela noite começou a procurar um alojamento. Uma mulher alugou-lhe um barraco miserável por cinco rupias ao mês. Essa foi sua primeira casa.

No dia seguinte, do barraco, ouviu-se a voz de Irmã Teresa que repetia as primeiras letras do alfabeto bengalês. Já tinha encontrado cinco crianças a quem ensinar. Não existia ali nenhuma mesa, nem cadeira, nem quadro negro, nem giz. Com uma varinha, a Irmã traçava os sinais do alfabeto no chão de terra.

Até poucos meses antes, aquela Irmã era diretora da célebre escola St. Mary's High School, que se encontrava ali perto e que, em Calcutá, todos conheciam. Ensinava, nesse maravilhoso colégio, às filhas das famílias ricas, jovens que se tornariam, por sua vez, também professoras. Agora estava num gueto, onde os miseráveis viviam entre ratos e baratas, e ensinava aos filhos de ninguém, crianças que, caso contrário, não teriam jamais aprendido a ler.

Naquele pobre barraco, no interior da miserável favela, o calor era sufocante. A temperatura era de 46 graus e a umidade superava os 95 por cento. As roupas colavam no corpo suado de Irmã Teresa, que tinha a impressão de estar envolvida pela sujeira.

Naquele gueto, tudo era sujo: os barracos, os caminhos entre os barracos, como também os canais de esgoto, a terra, as pessoas e os trapos que usavam. No piso do seu barraco, então, a Irmã via correr insetos e ratos. As cabeças das crianças estavam cheias de piolhos. Irmã Teresa recordava-se do colégio, do seu lindo quarto, dos ventiladores que arejavam os aposentos, dos mosquiteiros brancos. Parecia-lhe ter passado do paraíso para o inferno. Mas era o mesmo inferno em que viviam os pobres, os irmãos prediletos de Jesus, que ela tinha escolhido servir. E apesar da sujeira, assim mesmo, seu coração estava feliz.

NA CONFUSÃO DA MISÉRIA DE CALCUTÁ

– A mudança – contou-me Madre Teresa – foi duríssima. No convento, praticamente, vivera sem conhecer as dificuldades. Nunca havia me faltado nada. Então, tudo estava diferente. Dormia no chão, e de noite o barraco ficava infestado de ratos. Comia aquilo que comiam os meus assistidos e somente quando tinha um pouco de comida. Lavava-me quando podia. A mudança foi tremenda, mas já não me pesava tanto. Escolhera aquela vida para realizar literalmente o Evangelho, sobretudo onde diz: "Estava com fome e me destes de comer, estava nu e me vestiste, na prisão e fostes me visitar". Nos mais pobres entre os pobres de Calcutá, eu amava Jesus, e quando se ama não se sente cansaço nem sofrimentos. Enfim, desde o início, não tive tempo para me angustiar. Naquela favela, as cinco crianças que eu tinha reunido, um dia depois do Natal, aumentaram imediatamente. Três dias depois eram vinte e cinco e chegaram a quarenta e uma antes do final do ano. Alguns anos depois, naquele lugar surgiu uma escola da minha congregação que abriga mais de quinhentas crianças.

– Além das crianças, a quem mais ajudava? – perguntei a Madre Teresa.

– Como já disse – respondeu-me –, o mandato de Jesus referia-se "aos mais pobres entre os pobres". Por meio das crianças, comecei a entrar nos meandros da miséria mais sórdida de Calcutá. Naquele tempo, os desabrigados da cidade eram cerca de um milhão. Comecei a visitar também muitas outras favelas. Passava de barraco em barraco procurando tornar-me útil. Ajudava aqueles que dormiam nas ruas, que se alimentavam com os restos que encontravam no lixo. Encontrei os sofrimentos mais atrozes: cegos, aleijados, gente com o rosto desfigurado e os corpos deformados, criaturas incapazes de aguentar-se em pé, que me seguiam de cócoras pedindo um pouco de comida. Um dia, num monte de lixo, encontrei uma mulher quase morta. Tinha o corpo corroído pelos ratos e pelas formigas. Levei-a a um hospital, mas responderam-me que não a queriam, porque não podiam fazer mais nada por ela. Protestei e disse que não iria embora enquanto não a internassem. Consultaram-se longamente e, por fim, me atenderam. Essa mulher salvou-se. Em seguida, agradecendo-me por aquilo que havia feito por ela, me disse: "E pensar que foi meu filho que me jogou na sarjeta". Com essa frase ela evidenciou as consequências mais dessacralizantes e devastadoras da miséria: a ruptura e a desintegração dos afetos, mesmo os primários, instintivos, aqueles que ligam os filhos aos pais. Em outra ocasião, eu tinha absoluta necessidade de encontrar um barraco para abrigar alguns abandonados. Para encontrá-lo, caminhei horas e horas sob um sol abrasador. À noite, não me aguentava em pé, sentia que iria desmaiar pelo cansaço. Somente então compreendi a que ponto de fadiga podem chegar os pobres sempre à procura de um pouco de comida, de remédio, de um teto.

"SENHOR, NÃO TENHO MAIS NADA"

– Há alguns episódios ocorridos no início dessa sua "nova vida" que ficaram particularmente impressos na sua mente?

– Tudo aquilo que aconteceu ficou no meu coração. Eram experiências chocantes, terríveis, impossíveis de suportar do ponto de vista humano. Eu era apenas uma pobre mulher, sem experiência e sem meios. Por sorte vivia completamente abandonada em Deus e era ele que me guiava. Caso contrário, não seria capaz de superar aquele impacto. Sentia a presença de Deus em cada instante daqueles dias e constatava a sua contínua intervenção. Um dia, enquanto percorria as ruas de Calcutá, aproximou-se de mim um sacerdote, pedindo-me para dar minha contribuição para uma coleta em favor da boa imprensa. Naquela manhã saí de casa com todo dinheiro que possuía: cinco rupias. Durante o dia, gastara quatro com os pobres. Restava-me uma para viver o dia seguinte e os sucessivos, até que chegasse outra ajuda. Confiando em Deus, dei minha última rupia àquele sacerdote. Mentalmente rezei, dizendo: "Senhor, não tenho mais nada, e tu deves pensar nisso". À noite, chegou ao meu barraco um desconhecido. Entregou-me um envelope, dizendo: "É para suas obras". Fiquei admirada. Começara meu apostolado havia poucos dias e ninguém ainda me conhecia. Quem poderia ser essa pessoa? Abri o envelope e encontrei 50 rupias. Naquele momento tive a precisa sensação de que Deus queria dar-me um sinal tangível de aprovação por tudo aquilo que estava fazendo. Aquela soma era uma riqueza para mim. As rupias eram como um bilhete do céu que trazia escrito: "Coragem, segue em frente!".

Capítulo 18

Missionárias da caridade

Na favela de Motijhil, Irmã Teresa encontrava, de vez em quando, alguma das suas ex-alunas da High School. Elas também iam prestar assistência aos pobres. Porém, havia uma diferença. As ex-alunas "visitavam" aqueles miseráveis e depois voltavam para suas casas e comodidades. Irmã Teresa, ao contrário, "vivia" com aqueles pobres e "como" aqueles pobres. Tinha se tornado um deles.

Sacrifícios pesados

Suas ex-alunas olhavam-na com admiração, mas também com desconcerto. Detinham-se para conversar, ajudavam, sobretudo, a socorrer as crianças, mas ficavam confusas e perplexas ao refletir sobre a escolha de vida que ela fizera. Não conseguiam entender a razão de tanta dedicação, de tanto sacrifício. Consideravam que poderia do mesmo modo ajudar aqueles pobres se continuasse a ser professora na High School. Porém, uma entre elas sentia o fascínio daquela escolha. Afinal, Irmã Teresa tinha se colocado numa aventura heroica, e o heroísmo sempre cativa o ânimo dos jovens. Mas o exemplo de Irmã Teresa indicava um estilo de vida decididamente desencorajador a sua futura congregação. A Irmã levava uma existência na qual o sacrifício físico e moral era total. Quem encontraria força para comportar-se como ela?

– O amor, quando é grande e autêntico, pode tudo – disse-me um dia Madre Teresa. E acrescentou: – Somente por amor pode-se enfrentar certos sacrifícios.

A solidão do novo trabalho pesava muito. Irmã Teresa pedia ao Senhor para mandar alguma companheira.

– Tu me mandaste sair do convento, confiando-me esta nova missão – dizia a Jesus. – Compete a ti encontrar as colaboradoras, se queres que realize o que me pediste.

A PRIMEIRA FILHA

E eis que, no início de 1949, se apresentou aquela que seria sua primeira "filha" espiritual, a primeira religiosa da sua congregação. Chamava-se Shubashini Das e tinha 25 anos. Fora sua aluna na St. Mary's High School e pertencia a uma família rica. Ela queria deixar tudo e seguir o exemplo da sua professora.

– Quando aquela jovem manifestou-me seu desejo – disse-se Madre Teresa –, meu coração saltou. Senti uma grande ternura por ela e um grande reconhecimento. Olhava para ela incrédula. Desde que tinha começado minha nova vida, estava sozinha. Não havia ninguém a quem confiar os projetos, as aspirações, as ideias. Rezando, desabafava com Jesus. Mas desejava tanto ter alguém a meu lado com quem falar! Faltavam-me as Irmãs do convento. A solidão, quando é absoluta, torna-se terrível. Por isso, o fato de ter uma companheira que queria partilhar o meu ideal, encheu-me de alegria. Porém, não devia ter pressa. Pensei na prudência que teve comigo o Arcebispo de Calcutá, Dom Perier, quando pedi para mudar de vida. Por isso, disse a Shubashini Das:

– Você deve refletir bem, porque aquilo que pede para fazer é muito desafiador. Poderá arrepender-se.

– Eu já refleti sobre isso – respondeu a jovem.

– Queria colocar os braços em volta do pescoço dela e dizer-lhe: "Pois bem, então vem viver comigo", mas me contive. Refleti um segundo, depois lhe disse: "Agora vai para casa e reza. Volte a procurar-me daqui a alguns meses, no dia de São José". Faltavam mais de dois meses para essa data. Pensei que seriam suficientes para permitir a Shubashini Das ver com clareza dentro de si. Se voltasse, significaria que o chamado do Senhor era autêntico.

Enquanto isso, Irmã Teresa continuava seu apostolado na favela. Trabalhava com os pobres o dia inteiro e, à noite, ia dormir na congregação das Irmãzinhas dos Pobres.

O jesuíta belga Celeste Van Exem, reitor da Igreja de Nossa Senhora das Dores, que conhecia bem a Irmã, a seguia com discrição. Foi ele quem encontrou a primeira logística decente: algumas salas no segundo andar de uma casa modesta, onde habitava a família de Michael Gomes, que seria lembrado como o primeiro grande benfeitor de Irmã Teresa.

Em fevereiro de 1949, a Irmã transferiu-se para aquela casa. Ainda estava sozinha. Porém, de vez em quando recebia a visita de uma viúva, que fazia a limpeza no colégio onde ensinara, e com esta mulher tinha algumas horas de companhia. Era a única pessoa que, naquele momento, lhe demonstrava um pouco de amizade.

Irmã Teresa arrumara sua cama no menor quarto entre aqueles colocados à disposição por Michael Gomes. O maior, acima da escada que do térreo levava ao primeiro andar, transformou em capelinha.

Com a ajuda de alguns jovens, construiu um pequeno altar de madeira e, sobre ele, colocou o quadro do Imaculado Coração de Maria, que havia recebido de presente do Padre Van Exem. Diante daquele quadro tinha rezado muito nos dias mais difíceis. Por isso, quis que ficasse na capelinha. E também a seguir o levou sempre consigo. Agora se encontra na capela da Casa Mãe da sua congregação.

Por um mês inteiro viveu sozinha naquela pequena casa. Depois lhe chegou companhia.

No dia 19 de março, dia de São José, a Irmã levantou cedo como de costume e estava se preparando para ir à favela. Ouviu bater à porta. Foi abrir e se encontrou diante da frágil figura da sua ex-aluna Shubashini Das.

A FAMÍLIA CRESCE

– Madre, – disse a jovem – hoje é o dia de São José e eu voltei para estar sempre com você.

Ela a chamou "Madre" e não "professora" ou "Irmã", como estava habituada a fazer no colégio. "Madre" porque, escolhendo segui-la naquela aventura, tornava-se sua "filha" espiritual.

Shubashini Das tinha consciência, naquele momento, de ser a primeira das outras "filhas" que chegariam depois.

Sentindo-se chamar daquele modo, Irmã Teresa experimentou uma grande consolação. Intuiu também a importância histórica daquele momento e daquela palavra. Sentiu que precisamente naquele instante começava a existir concretamente sua família, que depois seria chamada de Congregação das Missionárias da Caridade.

Shubashini Das mudou seu elegante sári por outro pobre, como o da Madre, e mudou também o nome. Por afeição a sua ex-professora, da qual agora se tornara Irmã, escolheu o nome Inês, que Madre Teresa tinha quando era jovem.

O projeto de Madre Teresa começava a realizar-se e a Irmã Inês era a primeira pedra. Na semana seguinte chegou uma segunda jovem, também ex-aluna da Madre. Depois, em maio, chegou uma terceira. Numa carta a uma amiga europeia, Madre Teresa escreveu: "Ficará contente ao saber que no presente tenho três companheiras, grandes trabalhadoras e cheias de zelo. Visitamos cinco favelas, onde permanecemos poucas horas. Quanto sofrimento, quanta necessidade de Deus! E, no entanto, somos assim poucas para levar nosso Senhor para eles. Deveria ver como seus rostos se iluminam quando as Irmãs chegam! Estão sujos e nus, mas têm um coração cheio de afeto. Confio nas suas orações. Peça a Nossa Senhora para mandar-nos mais Irmãs. Mesmo se fôssemos vinte, teríamos trabalho para todas só na casa de Calcutá".

Madre Teresa tinha pressa. O trabalho que iniciara entre os pobres exigia muitas pessoas. Mas era um trabalho terrível e não era fácil encontrar jovens dispostas a tantos sacrifícios. Seis meses depois da chegada de Shubashini Das, as companheiras de Madre Teresa eram quatro.

Era um crescimento lento, mas a Madre fazia igualmente grandes projetos. Escreveu numa carta em novembro de 1949: "Rezem muito a fim de que a pequena sociedade cresça. No presente somos cinco, mas Deus querendo, outras se juntarão a nós e então poderemos estender um cinturão de caridade ao redor de Calcutá e promover nossos centros nas diversas favelas, como pontos dos quais o amor de nosso Senhor poderá irradiar-se livremente sobre esta cidade".

Tinha em mente um grande projeto, mas naquele tempo seu pensamento estava voltado apenas para Calcutá. Não podia certamente imaginar que suas Irmãs, um dia, estivessem espalhadas por todo o mundo.

Entretanto, também obtivera a colaboração de alguns leigos. Nas favelas tinha organizado dispensários onde alguns jovens médicos e enfermeiros católicos ajudavam a cuidar dos doentes. Do pároco da região, conseguira que celebrasse uma missa dominical reservada às crianças das favelas. "Levamos as crianças à igreja com suas mães", escreveu em novembro de 1949 a sua amiga europeia. "Trezentas crianças e cento e vinte mães. Em maio passado havia apenas vinte e seis."

A Regra

A pequena comunidade continuava crescendo. As jovens Irmãs eram seis, depois sete, dez.

O Arcebispo de Calcutá seguia de longe o desenvolvimento daquela iniciativa espiritual.

Agora a Madre, tendo já um grupinho de seguidoras, podia pedir a Roma permissão para fundar oficialmente uma nova congregação e dar o primeiro passo para obter um reconhecimento jurídico inicial. Precisava, porém, apresentar a Roma um documento detalhado das "Constituições" da nova sociedade, ou seja, um texto onde fossem expostos, de forma sintética e clara, os ideais e as regras da nova congregação religiosa. Colocou-se em ação. Tinha tudo claro na sua mente, porque Jesus, quando a chamou, lhe fizera entender com precisão o que queria dela.

À noite, enquanto suas companheiras dormiam, Madre Teresa se recolhia em oração no seu pequeno quarto e fazia apontamentos para preparar as Constituições.

Eis algumas passagens desse documento. Nelas, como se pode perceber, vem continuamente repetido, com vontade e obstinação, o conceito fundamental da iniciativa: servir os mais pobres entre os pobres.

> O nosso fim consiste em saciar a sede infinita do amor de Jesus Cristo com a profissão dos conselhos evangélicos e com o serviço generoso e gratuito aos mais pobres entre os pobres, segundo o ensinamento e a vida de nosso Senhor, expressos no Evangelho, ensinamento e vida que revelam de modo único o Reino de Deus. A nossa missão particular consiste em trabalhar para a salvação e a santificação dos mais pobres entre os pobres.
> Como Jesus foi mandado pelo Pai, assim ele nos manda, repletas do seu Espírito, a pregar seu Evangelho de

amor e compaixão aos mais pobres entre os pobres em todo o mundo.

A nossa preocupação maior deverá ser a de proclamar Jesus Cristo às pessoas de todas as nações, especialmente as que são confiadas aos nossos cuidados. Nós nos chamamos Missionárias da Caridade.

Deus é amor. A Missionária da Caridade deve ser uma missionária do amor, ser plena de caridade na sua alma e difundi-la às almas das outras pessoas, cristãs e não cristãs.

PORTADORAS DO AMOR

O projeto que Madre Teresa quer confiar a sua congregação religiosa, através da Regra e das Constituições, é estritamente evangélico, baseado no ensinamento fundamental de Cristo, que é o do amor. E possui uma dimensão ecumênica, abraçando todo o mundo, cristãos e não cristãos, porque o amor salvífico de Cristo é universal.

O amor, expresso com o termo evangélico "caridade", é elemento distintivo das Irmãs de Madre Teresa. De fato, elas chamam-se Missionárias da Caridade. Num primeiro momento, Madre Teresa queria um nome diferente para sua congregação, uma expressão que tornasse ainda mais explícito o conceito: "Portadoras do amor de Cristo nas favelas". Mas depois optou por Missionárias da Caridade, que é um conceito sintético e menos restritivo.

Para "viver" intensa e concretamente o mandato do amor, quis que suas Irmãs, no momento da profissão, emitissem um voto especial. Além dos três votos tradicionais de pobreza, castidade e obediência, comum a todas as congregações religiosas, desejava que se ligassem a Deus também com o voto da "caridade".

– Nós nos empenhamos com um voto ao serviço dedicado e gratuito a todos os deserdados – explicou-me Madre Teresa. Esse voto comporta que não podemos trabalhar para os ricos nem aceitar nenhuma recompensa pelo trabalho que fazemos.

Quanto ao uniforme, isto é, ao hábito religioso, decide adotar o sári indiano, já usado por ela e suas Irmãs. Um sári branco, de algodão rústico, enfeitado com três listas azuis, que lembram a cor do céu. Preso ao ombro esquerdo do sári, há um broche com um crucifixo, que deve recordar à Irmã a cruz levada por Jesus.

– O sári – disse-me – permite às Irmãs sentirem-se pobres, identificarem-se com os doentes, com as crianças, com os idosos abandonados, compartilhando com eles a mesma veste, a mesma forma de vida dos deserdados deste mundo.

A APROVAÇÃO DO PAPA

Madre Teresa apresentou as Constituições ao Arcebispo de Calcutá, que as examinou atentamente, com seus especialistas, e depois as mandou a Roma. E no dia 7 de outubro de 1950, chegou a aprovação por parte do Vaticano. Portanto, a congregação ficou oficialmente constituída.

– Aquele 7 de outubro foi um grande dia para nós – disse-me. – Marcava o início jurídico e oficial da nossa congregação. E foi muito feliz a data em que o documento romano chegou, porque, justamente nesse dia, era a festa de Nossa Senhora do Rosário: a coincidência pareceu-me um sinal do céu. Naquela manhã o Arcebispo Perier veio celebrar a Missa na nossa capelinha e, durante a cerimônia, Padre Celeste Van Exem leu o documento que veio de Roma. Daquele momento em diante a congregação continuou a crescer. Abrimos outras casas, sempre na diocese de Calcutá. Isso porque o Direito Canônico estabelece que um novo instituto religioso não pode, durante dez anos, expandir-se fora da diocese em que nasceu. Mas logo que transcorreu esse período, começamos a abrir casas também em outras cidades da Índia. Quando um novo instituto religioso recebe a aprovação do Bispo da diocese onde opera com o "nada obsta" por parte da Congregação para os Religiosos, em termos jurídicos quer dizer que se torna "de direito diocesano". Isto é, atingiu o primeiro degrau importante para a própria difusão. Se continuar a crescer, pode aspirar a obter do Papa o *Decretum laudis*. Mas, em geral, essa aprovação pontifícia chega depois de muitos anos, às vezes, algumas dezenas. Conosco o Senhor foi muito generoso. Esperamos apenas quinze anos: no dia 1º de fevereiro de 1965, o Papa Paulo VI concedeu-nos a aprovação pontifícia e nesse mesmo ano abrimos nossas primeiras casas fora da Índia: em Cocorote e Barquisimeto, na Venezuela. E, depois, em muitas outras partes do mundo. Jesus estava ao nosso lado e nos ajudava a realizar concretamente o "mandato" que me havia dado na noite de 1946.

CAPÍTULO 19

UM EXÉRCITO QUE DESAFIA O IMPOSSÍVEL

Ao longo do centenário de nascimento de Madre Teresa, realizaram-se em todo o mundo manifestações comemorativas. E, em 2010, comemorou-se também os sessenta anos da primeira aprovação das Irmãs de Madre Teresa, as Missionárias da Caridade (a aprovação diocesana ocorreu no dia 7 de outubro de 1950), e quarenta e cinco anos da aprovação definitiva (a pontifícia, que o Papa Paulo VI concedeu no dia 1º de fevereiro de 1965). Para as Irmãs de Madre Teresa, portanto, esse ano foi muito especial.

O QUARTO VOTO

Atualmente, as Missionárias da Caridade contam com cerca de 4.500 Irmãs que atuam em 133 países de todo o mundo. Uma grande e complexa atividade, que requer muito trabalho e, também, muitos recursos econômicos. As filhas de Madre Teresa são chamadas a enfrentar, cada dia, enormes problemas econômicos para sustentar e tornar possível a sua vida e, sobretudo, a sua missão, que abrange dezenas de milhares de pobres. E o fazem confiando somente na Providência.

Como já foi recordado, a diferença em relação às outras ordens religiosas, masculinas e femininas, que se ligam a Deus com os três votos, de pobreza, castidade e obediência, é que as Missionárias da Caridade emitem um quarto voto, o qual é especial e caracteriza sua missão. Empenham-se a prestar "serviço gratuito e apaixonado aos mais pobres entre os pobres". A palavra "gratuito" significa que não podem receber remunerações fixas por seu trabalho. Essas Irmãs, portanto, não têm vencimentos de nenhuma espécie, nem privados nem coletivos. São um exército que gerencia uma quantidade enorme de pobres, vagabundos, doentes, pessoas necessitadas de tudo, e elas não têm fundos seguros de nenhuma espécie, somente uma fé cega na Divina Providência. Uma situação, do ponto de vista humano, extremamente precária; na verdade, incrível. Quando lhe fazia estas observações, Madre Teresa me respondia sempre: "Deus quis esta congregação e deve cuidar dela".

Madre Teresa foi para o céu em setembro de 1997, mas continua viva através de cada uma de suas Irmãs. Transmitiu-lhes uma espiritualidade impetuosa como o vento. Um vento revolucionário, inquieto. O vento do amor absoluto. As Irmãs de Madre Teresa vivem de amor. Não poderiam resistir na consagração se não tivessem essa poderosa paixão. E sabe-se, o amor, quando autêntico, é uma doença contagiosa. Irresistível.

Madre Teresa deu vida a um movimento semelhante ao de Francisco de Assis, com uma dimensão universal. Não se refere somente aos cristãos, mas envolve qualquer pessoa que se deixa contaminar. Vai além de uma fé religiosa exclusiva, de ideologias singulares, raças, categorias sociais. É uma espécie de sentimento transversal que ultrapassa todas as barreiras humanas, as tradições, os costumes, para chegar ao coração das pessoas. É o amor que tem seu fundamento em Deus, que é amor, e se expande a todas as criaturas, em particular àquelas mais necessitadas e esquecidas.

Madre Teresa foi atingida por esse amor na noite de 10 de setembro de 1946, enquanto viajava de trem de Calcutá a Darjeeling, quando então teve início aquela revolução que ainda continua em ação.

Movimento ecumênico

Ao longo dos anos, o movimento de Madre Teresa foi estruturando-se. No início era composto com Madre Teresa e poucas companheiras. Hoje, tornou-se um exército. E, como todos os exércitos, há várias seções de acordo com as tarefas a serem desenvolvidas.

Muitas vezes Madre Teresa disse-me que suas Irmãs não são, contrariamente ao que podia parecer, "Irmãs de vida ativa", mas são "contemplativas que vivem no meio do mundo". Porém, tendo experiência de que a vida de oração é muito mais "importante" do que a vida ativa e que a oração é a "verdadeira seiva da atividade", quis dividir suas Irmãs em dois setores: um "ramo ativo", que se dedica principalmente ao serviço exclusivo dos mais pobres entre os pobres; e outro "ramo contemplativo", que se dedica à atividade somente algumas horas do dia. Estas são "apoio" fundamental da atividade das primeiras.

A mesma divisão quis para o ramo masculino da sua congregação: os Missionários da Caridade. Mas do seu movimento fazem parte também os Padres Missionários, que são os sacerdotes da congregação, e depois as missionárias e os missionários "leigos", que vivem o mesmo estilo de vida das Irmãs e dos Irmãos, mas podem também casar-se e ter uma família. Na sua atividade, esses leigos se associam diretamente às obras de apostolado das Missionárias da Caridade ou encontram um apostolado próprio que lhes permita viver o quarto voto, desejado por Madre Teresa, de "serviço gratuito e apaixonado aos mais pobres entre os pobres".

Existem também os "voluntários", que são aqueles que partilham a mesma visão da obra das Missionárias da Caridade e desejam viver "irradiando o amor de Deus" na pobreza voluntária e sacrificando qualquer luxo. Estes trabalham ao lado dos membros da ordem religiosa verdadeira e própria, vivem em oração com espírito de serviço, nas relações com as próprias famílias e a comunidade, e podem pertencer a qualquer denominação religiosa. Enfim, o grande exército de Madre Teresa completa-se com os "colaboradores doentes e sofredores", que oferecem os próprios sofrimentos para os pobres e para o trabalho que as Missionárias da Caridade realizam para eles. Madre Teresa acreditava muito na ajuda dessas pessoas. Ela mesma, como me contou, estava "vinculada" a uma mulher belga paralítica, à qual recorria quando tinha de enfrentar problemas particularmente difíceis.

Esse conceito de colaboração baseia-se na doutrina do "corpo místico de Cristo", que é a Igreja. Um único corpo do qual Jesus é a cabeça e nós somos os membros. Os membros ajudam-se harmoniosamente, entre si. Baseada nessa verdade, a Igreja proclamou Santa Teresinha do Menino Jesus padroeira das Missões, uma Irmã carmelita de clausura que viveu sempre entre os muros de um mosteiro. Mas seu coração ardia de "paixão" missionária e rezava, sofria, oferecia a Deus sacrifícios pelas missões, tornando-se, desse modo, aos olhos de Deus, uma verdadeira e ativíssima missionária.

Este é hoje o exército de Madre Teresa. Um exército silencioso, humilde. Madre Teresa em vida era uma das pessoas mais conhecidas em âmbito mundial, mas a pessoa mais humilde que se poderia encontrar. Seu exército se move, vive, age entre as chagas da humanidade, em silêncio, mas contagia. Quem se aproxima com espírito aberto a um representante desse exército, fica envolvido. Em muitas paróquias italianas existem grupos de jovens que se dedicam ao voluntariado em seu nome e seguindo o exemplo de Madre Teresa. Não se conhecem porque não têm o objetivo de fazer publicidade; porém, são pequenos grupos de valor inacreditável no âmbito da sociedade.

O EXEMPLO FASCINA

No início de março de 2010, no Japão, aconteceu uma espécie de festival dedicado a Madre Teresa. O Japão é uma nação onde os católicos são minoria, mas o nome de Madre Teresa é conhecido também nessa terra. O festival, organizado justamente na ocasião do centenário de seu nascimento, consistia na projeção de sete filmes ilustrativos da vida e da atividade da Madre. Esses filmes foram projetados numa sala do Museu Metropolitano de Fotografia de Tóquio, que se encontra no centro da cidade. O convite inicial foi feito aos poucos católicos, solicitando-lhes levar à projeção também seus amigos não católicos. O resultado foi simplesmente espetacular. À projeção participaram mais de quinze mil pessoas. E foi necessário repetir a projeção até o fim de março. O festival foi depois transferido para outras cidades do Japão.

A agência de informação *AsiaNews*, sempre muito atenta aos eventos cristãos no Oriente, recolheu as impressões de diversas pessoas não católicas que tinham assistido àquele festival, e o seus testemunhos são extremamente significativos. Demonstram, de fato, como é quase impossível resistir ao fascínio carismático que deriva de Madre Teresa.

> *Haruko Tsukihana, 40 anos:* O cristianismo sempre me pareceu uma religião da "classe superior", como se houvesse uma barreira ao seu redor. Mas o exemplo de Madre Teresa me fez compreender que é tudo completamente diferente de como eu pensava.
> *Sachiyo Hattori, shintoísta, 50 anos:* Eu pensava que o amor fosse estranho e inenarrável. Agora compreendi o que quer dizer: não somente falar, mas agir em favor de quem se ama.
> *Yuko Kataoka:* Conheço as obras de Madre Teresa há muito tempo, mas recordei muito vendo os filmes. Seu amor era ação, que se tornava oração: tomar a decisão e agir em consequência. Gostaria de poder fazer como ela.
> *Hiroyuki Miyake, 31 anos:* A coisa que mais me surpreendeu foi que, com sua vida, Madre Teresa transformou uma ideologia em realidade. É maravilhoso saber que nascemos na mesma época histórica. Estou consideran-

do a ideia de batizar-me, porque este exemplo é muito forte para ser ignorado.

O provérbio *Verba movent, exempla trahunt* [As palavras movem, os exemplos arrastam] sempre encontrou, em relação a Madre Teresa, uma aplicação surpreendente. Considerando o exemplo e, sobretudo, a "qualidade" do exemplo que esta mulher deu ao mundo quando ainda vivia, e que continua a dar através da sua lembrança e do movimento a que deu origem, pode-se dizer que foi e continua a ser uma das pessoas mais importantes do nosso tempo. Por isso, o Papa João Paulo II a proclamou bem-aventurada em 2003 e, em 2016, o Papa Francisco a declarou santa.

Notas biográficas de Madre Teresa

1910, 27 DE AGOSTO Madre Teresa nasce em Skopje, cidade albanesa do Kosovo, que alguns anos depois passaria para o domínio da Iugoslávia. A menina vem ao mundo numa família católica abastada. O pai, Nicola Bojaxhiu, é um rico comerciante, formado em farmácia; a mãe, Drone, é jovem e bela. Têm já dois filhos: Lazar, de três anos, e Agata, de dois. No Batismo, a pequena recebeu o nome de Inês. Porém, na família a chamam *Gonxha*, que em albanês significa "flor".

1919, JUNHO Nicola Bojaxhiu, pai da futura Madre Teresa, morre aos 46 anos. Era vereador municipal da cidade e participava do movimento que queria a anexação de Skopje à Albânia. Desconfia-se que tenha sido assassinado pela polícia iugoslava.

1922 Inês escuta na igreja paroquial algumas pregações dos missionários jesuítas que trabalhavam na Índia e sente pela primeira vez o desejo de consagrar a própria vida a Deus, tornando-se missionária. Mas, como ela mesma diria, não queria tornar-se Irmã e deixa calar essa voz.

1928 Inês, aos 18 anos, tendo terminado os estudos, pensa no seu futuro. Ao ler as cartas que os missionários jesuítas enviam de Bengala, sente novamente a voz interior que a convida para ser missionária na Índia e, dessa vez, a leva em consideração. Em razão disso, para realizar seu sonho, o único meio é entrar numa congregação religiosa, escolhe as Irmãs de Nossa Senhora de Loreto, que têm uma missão em Bengala na Índia. Em 1928, 25 de setembro, deixa a família e vai a Dublin, na Irlanda, onde se localiza a Casa Mãe das Irmãs de Nossa Senhora do Loreto. Depois de breve permanência, no dia 1º de dezembro parte para a Índia.

1929, JANEIRO Após ter chegado a Calcutá, Inês vai para Darjeeling, pequena cidade nas encostas do Himalaia, onde as Irmãs de Nossa Senhora do Loreto tinham o noviciado. Inicia oficialmente a vida religiosa vestindo o hábito e assumindo o nome de Irmã Teresa, por sua devoção a Santa Teresinha do Menino Jesus.

1931, 24 DE JANEIRO Ao terminar dois anos de noviciado, Irmã Teresa emite os votos simples. Deixa Darjeeling e vai para a nova sede: a St. Mary's High School, que as Irmãs de Nossa Senhora do Loreto têm em Calcutá, onde estudará Magistério e, depois, será professora de História e Geografia.

1934, 24 DE MAIO Irmã Teresa emite os votos perpétuos e torna-se diretora do setor bengalês da escola St. Mary's High School.

1946, 10 DE SETEMBRO Durante uma viagem de trem para Darjeeling, a fim de fazer os exercícios espirituais,

Irmã Teresa é inesperadamente atingida pelas condições de absoluta miséria da pobre gente que encontra e sente o chamado de deixar a sua congregação para dedicar-se totalmente ao serviço daqueles pobres.

1946, OUTUBRO De volta a Calcutá, Irmã Teresa confia seu desejo à madre superiora, que julga absurda a sua aspiração. Irmã Teresa insiste, encontrando, no interior da congregação, hostilidade e desconfiança. Sofre e fica doente. Mas o arcebispo de Calcutá, Dom Ferdinand Perier, intui que aquela irmã deve realizar um grande desígnio da Providência e decide ajudá-la.

1948, 2 DE FEVEREIRO Dom Perier, depois de examinar durante muito tempo as novas aspirações espirituais de Irmã Teresa, escreve para o Papa Pio XII a fim de pedir a "secularização" da Irmã, que quer iniciar nova atividade de assistência aos pobres fora do convento.

1948, 6 DE JUNHO A Santa Sé responde a carta de Dom Perier, concedendo à Irmã Teresa não a "secularização", como pedido, mas a "exclaustração", isto é, a permissão de continuar a ser Irmã vivendo fora do convento.

1948, 16 DE AGOSTO Irmã Teresa depõe o hábito das Irmãs de Nossa Senhora de Loreto e sai do convento.

1948, SETEMBRO Irmã Teresa vai a Patna, ao hospital das Irmãs Médico-Missionárias de Madre Dengel, para fazer um curso de enfermagem, que a prepararia para servir melhor os mais pobres entre os pobres, a quem decide dedicar a própria vida.

1948, DEZEMBRO Irmã Teresa volta para Calcutá e escolhe 25 de dezembro, dia de Natal, para iniciar sua nova missão a serviço dos mais pobres entre os pobres.

1949, 19 DE MARÇO No dia da festa de São José, Irmã Teresa acolhe Shubashini Das, que será a primeira Irmã da sua nova congregação, tornando-se espiritualmente "Madre": Madre Teresa.

1950, JANEIRO Madre Teresa já tem dez companheiras que trabalham com ela. Dom Perier aconselha que ela escreva a Regra da congregação que deseja fundar. O Arcebispo examina o projeto e, depois, o envia a Roma.

1950, 7 DE OUTUBRO Chega a resposta do Vaticano com a aprovação da nova congregação das Missionárias da Caridade.

1952 Madre Teresa funda a sua primeira grande obra social, a Nirmal Hriday, a Casa dos Moribundos.

1954 Funda a Shishu Bravan, a Casa das Crianças.

1956 Funda a Shantinaghar, o Vilarejo dos Leprosos.

1962, SETEMBRO A atividade de Madre Teresa desenvolve-se sempre mais, suscitando grande admiração. O Presidente da Índia concede à Irmã o Prêmio Padma Sri e o Presidente das Filipinas, o Prêmio Magsaysay.

1962, OUTUBRO Madre Teresa sai da Índia pela primeira vez e vai para a América onde participa de um congresso. No retorno passa por Roma e, através do Cardeal Gregório Agagianian, apresenta ao Papa João XXIII o pedido para que a congregação das Missionárias da Caridade se torne de direito pontifício.

1963, 25 DE MARÇO O Arcebispo de Calcutá aprova o ramo masculino da Obra de Madre Teresa, os Irmãos Missionários da Caridade.

1964, DEZEMBRO O Papa Paulo VI, durante a sua viagem a Bombaim, encontra Madre Teresa e, para expressar a sua estima e admiração, oferece de presente o seu luxuoso automóvel que tinha usado durante as suas viagens na Índia.

1965, 1º DE FEVEREIRO Paulo VI concede à congregação de Madre Teresa a aprovação pontifícia.

1965, 26 DE JULHO Madre Teresa vai à Venezuela onde funda, em Cocorote, a primeira casa da sua congregação fora da Índia.

1967, 8 DE DEZEMBRO Abre uma casa em Colombo, no Sri Lanka.

1968, 22 DE AGOSTO Abre o primeiro centro em Roma.

1968, 8 DE SETEMBRO Abre um centro em Tabora, na Tanzânia.

1969, 26 DE MARÇO Paulo VI aprova a Associação dos Colaboradores de Madre Teresa.

1969, 13 DE SETEMBRO Madre Teresa abre um centro para aborígenes em Bourke, na Austrália.

1970, 16 DE JULHO Abre uma casa em Amman, na Jordânia.

1970, 8 DE DEZEMBRO Inaugura a sede do Noviciado das Missionárias da Caridade em Londres.

1971, 6 DE JANEIRO Recebe em Roma o Prêmio para a Paz "João XXIII", conferido pelo Papa Paulo VI.

1971, SETEMBRO Recebe em Boston, nos Estados Unidos, o prêmio Bom Samaritano.

1971, OUTUBRO Abre uma casa em Belfast, em Ulster, na Irlanda do Norte, e outra no Bronx, Nova York.

1972, 15 DE SETEMBRO Foi conferido a Madre Teresa, pelo governo indiano, o prêmio Jawaharlal Nehru, por um Acordo Internacional.

1973, 25 DE ABRIL O príncipe Filipe da Inglaterra entrega a Madre Teresa o prêmio Templeton pela "Promoção da Religião".

1973, 20 DE OUTUBRO Madre Teresa participa, em Milão, da marcha da solidariedade e recebe o prêmio "Ambrósio de Ouro".

1975, 29 DE DEZEMBRO A revista *Time* dedica a Madre Teresa a capa, com o título "Santos viventes: mensagens de amor e de paz".

1976, 17 DE JANEIRO A revista *Paris Match* dedica a capa a Madre Teresa.

1976, 6 DE AGOSTO Madre Teresa profere uma conferência em Filadélfia, no 41º Congresso Eucarístico Internacional.

1979, 1º DE MARÇO Recebe em Roma, das mãos do presidente Pertini, o prêmio internacional "Balzan 1978".

1979, 17 DE OUTUBRO Recebe em Oslo o prêmio "Nobel da Paz".

1980, 25 DE JANEIRO Recebe a máxima distinção indiana, o "Bharat Ratna" (Joia da Índia).

1981, MAIO Recebe, em Roma, a láurea *honoris causa* da Faculdade de Medicina da Universidade Católica do Sagrado Coração.

1983, AGOSTO Foi internada no hospital e os médicos aplicam-lhe um estimulador cardíaco.

1988, FEVEREIRO Vai a Moscou e obtém das autoridades comunistas a permissão para abrir uma casa na capital soviética.

1990, MARÇO Depois de repetidos ataques do coração, Madre Teresa apresenta a demissão de superiora-geral da sua congregação.

1990, 8 DE SETEMBRO O Capítulo Geral da congregação reelege-a, por unanimidade, superiora, e ela o aceita.

1991, MARÇO Madre Teresa volta à Albânia, sua pátria, participa da inauguração da catedral de Tirana, transformada em cinema durante o regime comunista, e abre três casas para atividades caritativas.

1992 Em Calcutá, Madre Teresa conhece Lady Diana Spencer, esposa do príncipe Charles, da Inglaterra, que está atravessando um período crítico em sua vida, e solicita-lhe dedicar-se ao voluntariado. Entre as duas mulheres nasce uma amizade.

1993 Madre Teresa contrai malária na Índia.

1993 É internada em "Birla Heart Research Centre" de Calcutá, devido a um novo ataque cardíaco. Implantam-lhe um segundo marca-passo.

1996, 21 DE MAIO Em Roma, no Campidoglio, Madre Teresa recebe o título de "Cidadã honorária de Roma", concedido pelo prefeito Francisco Rutelli.

1996, 20 DE AGOSTO Madre Teresa é internada no hospital de Woodlands, em Calcutá, em razão de mais um ataque cardíaco. Os médicos revelam que o exame da malária contraída em 1993 resulta positivo.

1996, 26 DE NOVEMBRO Sofre um novo ataque cardíaco e é internada no hospital de Calcutá. Diz: "Deixai-me morrer como meus pobres".

1996, 29 DE NOVEMBRO É operada do coração, com uma intervenção de angioplastia nas coronárias, em Nova Délhi.

1997, MARÇO Pela terceira vez Madre Teresa pede demissão do cargo de superiora-geral da congregação. Desta vez, é aceita, sendo eleita no seu lugar a Irmã Nirmala Joshi.

1997, JUNHO Em Nova York, no Bronx, há o último encontro de Madre Teresa com sua amiga Lady Diana Spencer.

1997, 29 DE JUNHO Em Roma, último encontro de Madre Teresa com João Paulo II.

1997, 1º DE SETEMBRO Madre Teresa recebe em Calcutá a notícia da trágica morte de Lady Diana e afirma estar muito triste e querer rezar por sua princesa.

1997, 5 DE SETEMBRO Às 21h30, na Casa Mãe da congregação, em Calcutá, enquanto está no seu quarto e se prepara para o repouso noturno, Madre Teresa tem um ataque cardíaco e morre.

1997, 6 DE SETEMBRO A notícia da morte de Madre Teresa é veiculada nos meios de comunicação de todo o mundo. O pesar foi geral e profundo.

1997, 7 DE SETEMBRO João Paulo II, em Castelgandolfo, antes de recitar o *Angelus* pela televisão, faz um longo elogio a Madre Teresa, chamando-a, entre outros títulos, de "Irmã caríssima" e indicando-a para todos os crentes como "exemplo eloquente".

1997, 9 DE SETEMBRO O Cardeal Joseph Ratzinger, durante uma entrevista de imprensa, fala também de Madre

Teresa: "Penso que, no caso de Madre Teresa, o processo de beatificação possa ir adiante de maneira muito rápida, sendo a sua vida assim límpida".

1997, 13 DE SETEMBRO Em Calcutá, o funeral do Estado para Madre Teresa é transmitido para todo o mundo. Estão presentes chefes de Estado e personalidades de muitas nações. À tarde do mesmo dia, o corpo é sepultado na Casa Mãe da sua congregação.

1998, 5 DE SETEMBRO Na Índia, uma jovem senhora, Mônica Besra, de religião animista, atingida por um grave tipo de câncer, invoca a ajuda de Madre Teresa e fica imediatamente curada.

1999, 26 DE JULHO Início do processo de beatificação de Madre Teresa. Pelas disposições canônicas, estes processos não podem iniciar-se antes de cinco anos da morte do candidato, mas, por decisão de João Paulo II, no caso de Madre Teresa, é feita uma exceção.

2001, 14 DE JULHO O Cardeal Henry S. D'Souza, então Arcebispo de Calcutá, anuncia que o processo diocesano para a beatificação de Madre Teresa foi concluído.

2002, OUTUBRO A Congregação Vaticana das Causas dos Santos aprova as virtudes heroicas de Madre Teresa e o milagre obtido por sua intercessão.

2002, 20 DEZEMBRO João Paulo II promulga solenemente os decretos que se referem às virtudes heroicas praticadas por Madre Teresa, durante sua vida e o milagre obtido pela sua intercessão.

2003, 19 DE OUTUBRO João Paulo II celebra na praça São Pedro, no Vaticano, a cerimônia solene de beatificação de Madre Teresa, na presença de mais de 300 mil pessoas.

2016, 4 DE SETEMBRO O Papa Francisco celebra na praça São Pedro, no Vaticano, a Missa de canonização de Madre Teresa, na presença de 100 mil fiéis.

Rua Dona Inácia Uchoa, 62
04110-020 – São Paulo – SP (Brasil)
Tel.: (11) 2125-3500
http://www.paulinas.com.br – editora@paulinas.com.br
Telemarketing e SAC: 0800-7010081